에릭 케제르의
정통 프랑스 디저트 레시피

지은이_에릭 케제르(Éric Kayser)

프랑스 알자스 지방의 유서 깊은 제빵사 집안에서 태어나 프랑스 명장 양성소인 투르 드 프랑스(Tour De France)에서 프랑스 베이커리의 정통성을 전수받은 인물답게 빵에 대한 열정이 가득한 제빵 장인이다. 액상 자연효모를 생산할 수 있는 퍼멘토 르뱅을 개발, 이를 이용해 자연 효모빵을 만드는 프랑스 베이커리 '에릭케제르'를 운영 중이다. 좋은 빵은 거짓말을 하지 않는다는 철학하에 정직하고 건강한 정통 프랑스 빵을 만들려는 그의 노력과 열정은 프랑스뿐 아니라 전 세계적으로 높은 평가를 받아, 현재 전 세계 주요 대도시에 다수의 매장을 두고 있다.

지은이_블랑딘 부와이에(Blandine Boyer)

촬영_마시모 페시나(Massimo Pessina)

옮긴이_김세은

중앙대학교 불어불문학과를 졸업한 후 외국계 기업에서 홍보 업무를 해왔다. 현재 번역 에이전시 엔터스코리아에서 출판기획자 및 전문번역가로 활동하고 있다.

L'ATERLIER GOURMAND D'ERIC KAYSER BY BLANDINE BOYER, ERIC KAYSER
© Larousse 2014

Korean language edition arranged through Icarias Agency. All Rights Reserved.
Korean Translation © Charmdol 2016

이 책의 한국어판 저작권은 Icarias Agency를 통해 Editions Larousse와 독점 계약한 도서출판 참돌에 있습니다. 저작권법에 의하여 한국 내에서 보호를 받는 저작물이므로 무단전재와 복제를 금합니다.

**에릭 케제르의
정통 프랑스 디저트 레시피**

1판 1쇄 펴냄 2016년 9월 9일
지은이 에릭 케제르(Éric Kayser), 블랑딘 부와이에(Blandine Boyer)
촬영 마시모 페시나(Massimo Pessina)　　**옮긴이** 김세은
펴낸이 하진석　　**펴낸곳** 참돌　　**주소** 서울시 마포구 독막로3길 51
전화 02-518-3919　　**팩스** 0505-318-3919　　**이메일** book@charmdol.com
신고번호 제313-2011-228호　　**신고일자** 2011년 8월 11일
ISBN 978-89-98317-84-3 14590

에릭 케제르의
정통 프랑스 디저트 레시피

에릭 케제르(Éric Kayser) 지음 | 마시모 페시나(Massimo Pessina) 촬영 | 김세은 옮김

Sommaire 차례

Les gâteaux de tous les jours

일상에서 즐기는 케이크 11
피스타치오 체리 케이크 12
레몬 콩피 케이크 14
과일 콩피 케이크 16
양귀비씨 라임 케이크 18
코코넛 럼 케이크 20
초콜릿 케이크 22
반숙 초콜릿 케이크 26
치즈 케이크 28
브라우니 32
과일 팡 데피스 34
갸토 바스크 38
쿠글로프 40

Les biscuits

쿠키와 비스킷 43
마들렌 44
플레인 피낭시에 46
초콜릿·피스타치오 피낭시에 48
그린티 피낭시에 52
아몬드 튀일 54
건포도 비스킷 56
디아망 58
머랭 쿠키 60
랑그 드 샤 62
쿠키 64
터키풍 비스킷 68

Les tartes

먹기 아까운 타르트 71
파트 사블레 72
딸기를 올린 바닐라 크림 타르트 74
초콜릿 프랄린 타르트 78
살구를 올린 아몬드 피스타치오 크림 타르트 82
레몬 머랭 타르트 86
패션프루트 라즈베리 타르트 90
서양배 무화과 타르트 92
타르트 몽주 96
라즈베리를 올린 사블레 브르통 타르트 100
타르트 타탕 102
체리 크럼블 타르트 106
캐러멜 밀크 초콜릿 타르트 108
커피 초콜릿 타르트 112

La fameuse pâte à choux

황홀한 맛, 파트 아 슈 115
파트 아 슈 116
슈케트 120
파리 브레스트 122

딸기·피스타치오 라즈베리 에클레르	126
패션프루트 를리지외즈	130
커피·초콜릿 에클레르	134
생토노레	138

Les incontournables

디저트의 꽃	**143**
파트 푀유테	144
크렘 파티시에르	148
밀푀유	152
베리 밀푀유	156
쉭세	158
오페라	164
프레지에	170
투 쇼코	174
라즈베리 샤를로트	178

Les macarons

입이 즐거운 마카롱	**185**
마카롱	186
바닐라·초콜릿 마카롱	190
레몬 민트 마카롱	194
라즈베리 라임 마카롱	198
피스타치오 마카롱	202
마카로나드	204

Les gâteaux de fêtes

축제 케이크	**209**
뷔슈 오 카페	210
뷔슈 포레 누아르	214
발렌타인데이 케이크	218
갈레트 데 루아	224
초콜릿과 피칸을 넣은 갈레트 데 루아	228
부활절 새 둥지 케이크	230

Les gâteaux sans gluten

글루텐 프리 케이크와 쿠키	**235**
글루텐 프리 피스타치오 케이크	236
글루텐 프리 초콜릿 참깨 쿠키	238
글루텐 프리 뮈슬리 쿠키	242
글루텐 프리 초콜릿 헤이즐넛 케이크	246
글루텐 프리 므왈르 오 쇼콜라	248

Liste en appendice

제과 용어	253
제과용품 구매처 주소록	255
레시피 찾아보기	256

Avant-propos
들어가며

1996년, 파리 시내 몽주 거리에 제 생애 첫 블랑제리를 열었습니다. 당시에는 몰랐습니다만, 좋은 빵의 홍보 대사로 입지를 굳혀온 세계적인 블랑제리들 중에 제 가게가 선두 주자가 아니었나 싶습니다. 전 구운 곡물의 구수한 향이 살아 있는 천연 효모빵, 어린 시절 추억이 담긴 그 빵을 세상 사람들과 나누겠다는 희망에 부풀어 있었습니다. 그 후로 파리, 도쿄, 뉴욕, 싱가포르 등에 진출하여 지구촌 미식가들에게 제 노하우를 끊임없이 가르쳐주었으며, 맛깔나고 참된 빵을 접할 기회를 꾸준히 열어주었습니다.

이렇듯 나눔과 가르침을 향한 의욕에 불타올랐던 저는 직업교육원에서 실력을 연마한 끝에 제빵의 명장 콩파뇽 뒤 드부아르(Compagnons du Devoir)로 거듭날 수 있었습니다. 제빵학교를 세워 이끌던 시절부터 메종 케제르(Maison Kayser)에서 빵을 굽던 시절까지 한순간도 그 의욕이 식은 적이 없습니다. '가르침과 배움'은 제 삶의 양대 지표였습니다! 누군가의 제자이자 누군가의 스승으로서 하루하루를 살아간다고 느꼈기 때문입니다.

이러한 가르침과 배움의 '철학'을 바탕으로 이 책을 집필했습니다. 이 책에 제가 배운 것을 최대한 많은 분과 공유하고 싶은 포부를 담았습니다. 간단한 레시피부터 좀 더 복잡한 레시피까지 아마추어 파티시에 여러분의 입맛을 만족시킬 묘수들을 아낌없이 펼쳤습니다. 혼자 즐기든 여럿이 즐기든 각인각색의 취향에 두루 맞고, 맛있어서 행복하다는 말이 절로 나오는 레시피를 만나보십시오. 케이크, 타르트, 피낭시에, 쿠키, 마카롱, 마들렌은 직장이나 피크닉에 만들어 가면 좋습니다. 프레지에, 오페라, 샤를로트, 밀푀유, 생토노레는 가족이나 친구들과 함께하는 식사를 흐뭇하게 마무리해줄 것입니다.

나눠 먹고 대접할 요량으로 달콤한 디저트를 만든다고 말하지만, 내심 직접 만들어보고 싶은 마음이 더 강하게 꿈틀대는 분들에게 아무쪼록 이 책이 손쉽게 따라 할 수 있는 길잡이가 되었으면 합니다. 아울러 모든 분이 기회를 다 누릴 수 있도록 '글루텐 프리' 레시피도 따로 묶어놓았습니다.

어린이와 어른, 전문가와 아마추어의 경계를 허물고 누구든지 도전해보세요!
밀대를 쥐고 내 손으로 직접 만드는 기쁨이 얼마나 큰지 꼭 경험해보시기 바랍니다!

Quelques conseils pour réussir vos pâtisseries!
정통 프랑스 디저트 만들기 노하우

이 책에 소개한 레시피는 집에서도 손쉽게 따라 할 수 있습니다. 아이들과 함께 만들기 좋은 '초간단 간식용 케이크'부터 공이 들어간 '가족 파티용 디저트'까지 각양각색의 레시피를 망라해놓았습니다.
책장을 넘기다 눈길이 머문 마들렌이나 슈케트! 당장 만들어보고 싶은가요? 서두르지 마십시오. 앞치마를 두르기 전에 몇 가지 팁을 기억해둡시다.

제과용 도구와 가전
제과용 틀
아무리 강조해도 지나치지 않은 것이 바로 제과용 틀입니다. 좋은 틀에는 아낌없이 투자해야 합니다.
- 녹슬지 않는 철제 틀을 고르세요. 사용한 다음에는 잘 건조해 보관합니다. 온기가 남아 있는 오븐에 틀을 넣어 잠깐 말려줍니다. 사용할 때는 버터를 골고루 칠해주는 식으로 세심하게 관리합니다.
- 눌음 방지 코팅 틀에 솔깃하겠지만, 애지중지 관리할 자신이 없다면 포기하는 게 좋습니다. "누가 또 타르트를 틀에서 안 빼고 그대로 잘랐어?"라며 가족들에게 푸념하지 않으려면 말입니다.
- 실리콘 틀은 어떨까요? 가정에서 이 틀은 실용적이지 못합니다. 틀을 오븐 팬에 올려놓고 반죽을 부어야 하는데 깜빡하고 그냥 부었다가 나중에 오븐 팬으로 옮기려면 그런 낭패가 없습니다. 게다가 큼지막한 실리콘 틀에서 타르트를 빼내려면 곡예 수준의 묘기를 부려야 합니다. 반대로 피낭시에나 잘 부서지는 작은 과자 등 앙증맞은 디저트를 만들 때 꼭 필요한 것이 실리콘 틀입니다. 반죽 케이크 미 퀴를 틀에서 깔끔하게 빼내고 싶다면 신발에서 발을 빼낼 때처럼 해보세요. 두 손가락으로 틀 밑바닥을 눌러 케이크를 들어 올리면 케이크가 잘 빠집니다. 제누아즈를 굽는 깊이 1cm짜리 실리콘 틀도 유용합니다.
- 좋은 실리콘 틀인지 알아보려면 실리콘 표면을 손톱으로 긁어보세요. 이때 손톱자국이 나지 않아야 합니다.
- 유리나 도자기 재질의 타르트 틀은 반죽이 먹음직스럽게 황금빛으로 구워지지 않으므로 사용하지 마세요. 단, 클라푸티처럼 부드러운 질감을 살려야 하는 과일 타르트를 구울 때는 괜찮습니다.

오븐 팬
오븐에 들어가는 기름받이 팬에 유산지를 깔면 비스킷이나 제누아즈를 굽는 팬으로 활용할 수 있습니다. 한편, 옆면이 없는 평평한 받침 형태의 오븐 팬 2개를 2단으로 쌓아서 파트 퓌유테와 비스킷을 동시에 구울 수 있습니다. 맨 아래부터 팬, 파트 퓌유테, 팬, 비스킷 순서로 쌓아 올리면 됩니다.

스탠드믹서
베이킹을 자주 한다면 스탠드믹서는 필수입니다. 스탠드믹서는 휘핑해서 거품을 내거나 휘저어 풀 때 유용합니다. 물론 반죽 기능도 있습니다. 가능하면 회전판과 거품기로 구성된 스탠드믹서를 사용하는 것이 좋고, 힘이 좀 들겠지만 핸드믹서를 사용해도 좋은 결과를 얻을 수 있습니다.

핸드블렌더
수프를 만들 때 재료를 곱게 갈아주는 기능을 하는 것으로 알려졌지만, 어떤 요리에든 제 몫을 톡톡히 합니다. 크림에 젤라틴이나 버터를 섞을 때 꼭 필요한데, 잘 섞이지 않는 이질적인 재료들을 유화시켜 매끄럽고 윤이 나는 혼합물을 만드는 데 제격입니다.

무스 링(또는 사각형 무스 틀)
전문가에게만 허락된 도구라며 아직도 멀리하고 있나

요? 그렇다면 디저트 세계에서 절대 구원받을 수 없습니다. 무스 링에서 기막히게 멋진 내용물을 빼낼 때의 그 벅찬 희열을 놓치고 말 건가요! 무스 링과 사각형 무스 틀을 다 갖추면 더없이 좋고, 둘 중에 하나만 있어도 좋습니다. 프레지에 만들기 선수가 되어 주변 사람들에게 성공작을 뽐내보세요!

제과용 소도구
다음의 도구들을 빠짐없이 갖춰놓고 만드세요.
- 잘 휘는 재질로 된 주걱이나 실리콘 주걱 1~2개: 아주 잘 휘는 것 1개, 중간 정도 휘는 것 1개
- 거품기 1~2개: 이왕이면 큰 것 1개, 작은 것 1개
- 실리콘 솔이나 화방에서 파는 천연 실크 솔 최소 2개 이상: 1개는 유분이 많은 재료를 다룰 때만 사용하고 사용한 후에는 물에 잘 씻어서 보관합니다.
- 크림, 글라사주 등을 펴 바를 때 쓰는 금속제 스패튤라 1개
- 세척이 가능한 주사기 형태의 플라스틱 짤주머니 2~3개 또는 한 가지 용도로 정해놓고 쓰는 짤주머니 여러 개: 천 재질은 잘 안 마르고 축축해집니다.
- 깍지 세트(원형 깍지 크기별로 3개 이상, 별모양 깍지 크기별로 2개 이상): 녹슬지 않는 철제 또는 플라스틱 재질이 좋습니다.

특별한 용도의 소도구
- 에클레르나 슈를 만들 때 충전물을 넣는 깍지 1개
- 생토노레나 뷔슈를 만들 때 필요한 모양 깍지
- 시럽을 만들 때 온도를 측정하려면 당과용 온도계를 사용하는 것이 가장 좋지만, 레시피에 따라서는 옛날 방식대로 찬물에 뜨거운 시럽을 떨어뜨려 온도를 알아보는 방법도 괜찮습니다.
- 사용하는 오븐의 성능에 따라 제시된 가열 온도와 시간을 조절해도 상관없습니다. 오븐에 장착된 온도계에 온도 조절 기능이 없을 수도 있으니 주의하기 바랍니다.

체계적으로 만드는 법
미리 준비하기
정교하게 만들어야 하는 케이크 종류를 당일치기로 완성하겠다며 무턱대고 만들기 시작해서는 안 됩니다. 레시피에 설명된 안내 사항을 잘 따르세요.

하루 전에 준비할 사항이 있으면 미리 준비해놓고, 제시된 휴지 시간을 철저히 지킵니다. 이를테면 크림이 올라가는 케이크는 휴지 시간을 꼭 거쳐야 최상의 크림을 맛볼 수 있습니다. 케이크에 크림을 올린 뒤에 적어도 몇 시간, 가능하면 하룻밤 정도 냉장고에서 신선하게 보관하세요. 단, 파트 푀유테가 기본이 되는 케이크는 냉장 보관할 때 형체가 무너질 수 있으므로 냉장 보관을 삼갑니다.

시간 절약하기
이 책에 소개한 디저트는 대부분 레시피 분량에서 2~3배 늘려 만들 수 있으며, 반죽을 냉동 보관했다가 구울 수 있습니다.
- 반죽 중에서도 파트 사블레와 파트 푀유테는 특히 냉동이 잘 됩니다. 반죽을 적당량 소분해서 냉동해두세요. 가능하면 반죽을 밀어서 유산지에 펼친 상태로 냉동했다가 필요할 때 꺼내서 롤러로 1번 더 밀고 성형하는 것이 좋습니다. 시판용 페이스트리 반죽을 사용하는 법과 같습니다.
- 파트 사블레는 미리 틀에 깔아서 냉동해뒀다가 필요할 때 바로 꺼내서 장식하고 구우면 됩니다. 타르트 틀이 여분으로 몇 개 있을 때 사용하면 좋습니다.
- 쿠키 반죽은 두루마리처럼 말아 냉동고에 보관했다가 완전히 녹이지 말고 절반 정도만 녹인 다음 적당한 크기로 등분해서 굽습니다.

베이크 블라인드
타르트 바닥이 눅눅해지거나 쪼그라드는 것을 막는 데 이보다 좋은 방법이 있을까요? 자세한 방법은 72페이지 '파트 사블레' 레시피를 참고하세요.

반죽 위에 깔아 쓰는 완두콩은 몇 번 굽고 나면 가벼워지므로 제과용품 전문점에서 파는 타르트 누름돌(도자기 재질의 울퉁불퉁한 구슬)을 사용하는 편이 낫습니다. 조약돌을 잘 닦아서 사용해도 됩니다.

Les gâteaux de tous les jours
일상에서 즐기는 케이크

Cake à la pistache et aux griottes
피스타치오 체리 케이크

6~8인분

준비: 15분 가열: 45분
직사각형 파운드케이크 틀(길이 24~26cm)

재료
- 반죽 슈거파우더 210g, 달걀 3개, 밀가루 185g, 베이킹파우더 3g, 소금 2꼬집, 액상 생크림(유지방 36% 이상) 100㎖, 실온에서 말랑해진 버터 40g, 피스타치오 페이스트 70g, 냉동 체리 70g
- 시럽 키르슈 1ts, 슈거파우더 1Ts

케이크 만들기
1 오븐을 165℃(온도조절기 5~6)로 예열한다. 믹싱볼 또는 스탠드믹서 볼에 슈거파우더와 달걀을 넣고 몇 분간 저속으로 휘핑해 무스처럼 풍성하게 거품을 올린다.
2 밀가루, 베이킹파우더, 소금을 체에 내린 다음 거품 올린 달걀에 붓고 살살 섞는다. 여기에 생크림을 섞는다. 녹인 버터와 피스타치오 페이스트를 넣고 한 번 더 골고루 섞어 매끈하게 반죽한다. 마지막으로 체리 과육을 넣고 실리콘 주걱으로 잘 섞어서 반죽을 만든다. 이 레시피에 사용한 '체리'는 신맛이 강한 그리오트다.
3 파운드케이크 틀에 버터를 얇게 펴 바르고 밀가루를 가볍게 뿌린다. 준비한 반죽을 틀에 붓고 예열한 오븐에 30분 정도 굽는다. 오븐 온도를 145℃(온도조절기 4~5)로 낮추고 15분 더 굽는다.

시럽 만들기
1 작은 냄비에 물 2Ts과 분량의 키르슈, 슈거파우더를 넣고 한소끔 끓인 뒤 식힌다.
2 구워놓은 케이크를 오븐에서 꺼낸 다음 따뜻할 때 솔로 시럽을 발라 마무리한다.

Tip 피스타치오 페이스트는 인터넷이나 제과용품 전문점에서 구매할 수 있습니다.

Cake au citron confit
레몬 콩피 케이크

6~8인분

준비: 15분 가열: 45분
직사각형 파운드케이크 틀(길이 24~26cm)

재료
- 반죽   슈거파우더 200g, 달걀 3개, 실온에서 말랑해진 버터 95g, 밀가루 180g, 베이킹파우더 5g, 액상 생크림(유지방 36% 이상) 100㎖
- 레몬 페이스트   레몬 필 35g, 레몬즙 1Ts, 강판에 간 레몬 껍질 1½ts
- 시럽   레몬즙 2Ts, 슈거파우더 1Ts
- 장식   잘게 다진 레몬 콩피 40g

레몬 페이스트 만들기
레몬 콩피(레몬 필), 레몬즙, 레몬 껍질을 푸드 프로세서에 넣고 몇 초간 아주 곱게 갈아서 레몬 페이스트를 만든다.

케이크 만들기
1 오븐을 165℃(온도조절기 5~6)로 예열한다. 믹싱볼 또는 스탠드믹서 볼에 슈거파우더와 달걀을 넣고 몇 분간 저속으로 휘핑해 크림처럼 부드럽게 푼다.
2 버터를 미리 녹여둔다. 밀가루와 베이킹파우더를 체에 내려 크림화한 달걀에 붓고 살살 섞는다. 생크림, 녹인 버터, 레몬 페이스트를 순서대로 넣어가며 골고루 섞어 반죽한다.
3 파운드케이크 틀에 버터를 얇게 펴 바르고 밀가루를 가볍게 뿌린다. 준비한 반죽을 틀에 붓고 예열한 오븐에 30분 정도 굽는다. 오븐 온도를 145℃(온도조절기 4~5)로 낮추고 15분 더 굽는다.

시럽 만들기
1 작은 냄비에 물 2Ts과 분량의 레몬즙, 슈거파우더를 넣고 한소끔 끓인 뒤 식힌다.
2 구워놓은 케이크를 오븐에서 꺼낸 다음 따뜻할 때 솔로 시럽을 바른다. 레몬 콩피를 조그만 네모꼴로 잘라 케이크 위에 뿌려 마무리한다.

응용: 오렌지 콩피 케이크
레몬 콩피, 레몬즙, 레몬 껍질 대신에 오렌지 콩피(오렌지 필), 오렌지즙, 오렌지 껍질을 넣어 오렌지 페이스트를 만듭니다. 시럽을 만들 때는 레몬즙 대신 그랑마니에를 넣습니다.

Cake aux fruits confits
과일 콩피 케이크

6~8인분

준비: 10분 가열: 45분
직사각형 파운드케이크 틀(길이 24~26cm)

재료

• 반죽

슈거파우더 135g
달걀 2개
실온에서 말랑해진 버터 110g
밀가루 215g
베이킹파우더 5g
소금 2꼬집
우유 4Ts
럼 2Ts
각종 과일 콩피 260g
건포도 55g
잘게 다진 오렌지 필 25g

케이크 만들기

1 오븐을 165℃(온도조절기 5~6)로 예열한다. 믹싱볼 또는 스탠드믹서 볼에 슈거파우더와 달걀을 넣고 몇 분간 저속으로 휘핑해 무스처럼 풍성하게 거품을 올린다. 버터를 넣고 한 번 더 휘핑해 혼합한다.

2 밀가루, 베이킹파우더, 소금을 체에 내린 다음 혼합물에 붓고 살살 섞는다. 여기에 우유, 럼, 건과일류를 넣고 실리콘 주걱으로 골고루 섞어 반죽한다.

3 파운드케이크 틀에 버터를 얇게 펴 바르고 밀가루를 가볍게 뿌린다. 준비한 반죽을 파운드케이크 틀에 붓고 예열한 오븐에 30분 정도 굽는다. 오븐 온도를 145℃(온도조절기 4~5)로 낮추고 15분 더 구우면 완성이다.

Cake au pavot et au citron vert
양귀비씨 라임 케이크

6~8인분

준비: 15분 가열: 45분
직사각형 파운드케이크 틀(길이 24~26㎝)

재료

• 반죽

슈거파우더 240g
달걀 3개
실온에서 말랑해진 버터 40g
밀가루 185g
베이킹파우더 10g
소금 2꼬집
액상 생크림(유지방 36% 이상) 100㎖
라임 2개 껍질 분량
양귀비씨 25g
해바라기씨 오일 2½Ts

케이크 만들기

1 오븐을 165℃(온도조절기 5~6)로 예열한다. 믹싱볼 또는 스탠드믹서 볼에 슈거파우더와 달걀을 넣고 몇 분간 저속으로 휘핑해 무스처럼 풍성하게 거품을 올린다. 버터를 넣고 한 번 더 휘핑해 혼합한다.

2 밀가루, 베이킹파우더, 소금을 체에 내려 혼합물에 붓고 살살 섞는다. 여기에 생크림을 섞은 다음 라임 껍질, 양귀비씨, 해바라기씨 오일을 넣고 한 번 더 골고루 섞어 반죽한다.

3 파운드케이크 틀에 버터를 얇게 펴 바르고 밀가루를 가볍게 뿌린다. 케이크 반죽을 틀에 붓고 예열한 오븐에 30분 정도 굽는다. 오븐 온도를 145℃(온도조절기 4~5)로 낮추고 15분 더 구우면 완성이다.

코코넛 럼 케이크

6~8인분

준비: 15분 가열: 40분
직사각형 파운드케이크 틀(길이 24~26㎝)

재료

•반죽

슈거파우더 150g
실온에서 말랑해진 버터 90g
달걀 2개
밀가루 140g
옥수수 전분 45g
베이킹파우더 5g
코코넛 채 75g
럼 2½Ts
코코넛밀크 3Ts
액상 생크림(유지방 36% 이상) 60㎖

•시럽

말리부 리큐르 1Ts
슈거파우더 1Ts

•장식

코코넛 분태 1Ts

케이크 만들기

1 오븐을 180℃(온도조절기 6)로 예열한다. 믹싱볼 또는 스탠드믹서 볼에 슈거파우더와 버터를 넣고 몇 분간 저속으로 휘핑해 크림처럼 부드럽게 풀어준다. 달걀을 하나씩 넣으며 휘핑해서 혼합한다.

2 밀가루, 옥수수 전분, 베이킹파우더를 체에 내린 다음 준비해둔 혼합물에 붓고 섞는다. 여기에 코코넛 채를 넣어 섞는다. 럼과 코코넛밀크도 붓고 섞다가 생크림을 부어 골고루 혼합해 반죽한다.

3 파운드케이크 틀에 버터를 얇게 펴 바르고 밀가루를 가볍게 뿌린다. 준비한 반죽을 틀에 붓고 예열한 오븐에 25분 정도 굽는다. 오븐 온도를 160℃(온도조절기 5~6)로 낮추고 15분 더 굽는다.

시럽 만들기

1 작은 냄비에 물 2Ts과 분량의 말리부 리큐르, 슈거파우더를 넣고 한소끔 끓인 뒤 식힌다.

2 구운 케이크를 오븐에서 꺼낸 다음 따뜻할 때 솔로 시럽을 바른다. 코코넛 분태(강판에 간 코코넛 과육)를 케이크 위에 뿌려 장식한다.

초콜릿 케이크

6~8인분

준비: 15분 가열: 45분
직사각형 파운드케이크 틀(길이 24~26cm)

재료
- **반죽** 아이싱슈거 160g, 슈거파우더 20g, 달걀 3개, 실온에서 말랑해진 버터 180g, 밀가루 165g, 코코아파우더 40g, 헤이즐넛 분말 35g, 베이킹파우더 8g, 소금 2꼬집, 액상 생크림(유지방 36% 이상) 1Ts, 다크커버추어초콜릿 칩(또는 칼로 거칠게 다진 것) 165g
- **시럽** 럼 1Ts, 슈거파우더 1Ts

케이크 만들기
1 오븐을 165℃(온도조절기 5~6)로 예열한다. 믹싱볼 또는 스탠드믹서 볼에 아이싱슈거, 슈거파우더, 달걀을 넣고 몇 분간 저속으로 휘핑해 무스처럼 풍성하게 거품을 올린다. 버터를 넣고 다시 휘핑해 혼합한다.
2 밀가루, 코코아파우더, 헤이즐넛 분말, 베이킹파우더, 소금을 체에 내린다. 이 가루 재료를 준비해둔 혼합물에 붓고 조심스럽게 섞는다. 여기에 생크림을 부어 실리콘 주걱으로 고루 섞은 뒤 초콜릿 칩을 넣고 한 번 더 섞어 반죽한다.
3 파운드케이크 틀에 버터를 얇게 펴 바르고 밀가루를 가볍게 뿌린다. 준비한 반죽을 틀에 붓고 예열한 오븐에 30분 정도 굽는다. 오븐 온도를 145℃(온도조절기 4~5)로 낮추고 15분 더 굽는다.

시럽 만들기
1 작은 냄비에 물 2Ts과 럼, 슈거파우더를 넣고 한소끔 끓인 뒤 식힌다.
2 케이크를 오븐에서 꺼낸 다음 따뜻할 때 솔로 시럽을 발라 마무리한다.

Mi-cuit au chocolat
반숙 초콜릿 케이크

6~8인분

준비: 10분 가열: 틀 크기에 따라 8분 또는 12~14분
원형 케이크 틀(지름 18㎝) 1개 또는 1인용 원형 케이크 틀(지름 8㎝) 6개

재료
- **반죽** 다크커버추어초콜릿(카카오 함량 65%) 150g, 버터 135g, 달걀 4개, 슈거파우더 170g, 체에 내린 밀가루 60g

케이크 만들기

1 오븐을 180℃(온도조절기 6)로 예열하고 가능하면 열이 골고루 순환하는 '컨벡션 모드'로 맞춘다. 냄비에 잘게 다진 초콜릿과 조각낸 버터를 넣고 중탕으로 녹인다. 살살 저어 고루 섞은 뒤 불에서 내린다. 볼에 달걀과 슈거파우더를 넣고 휘핑해 무스처럼 뽀얗고 풍성하게 거품을 올린다.

2 녹인 초콜릿에 거품 낸 달걀을 넣어 고루 섞는다. 여기에 체에 내린 밀가루를 넣고 실리콘 주걱으로 조심스레 섞어 반죽한다.

3 케이크 틀에 버터를 얇게 펴 바르고 밀가루를 가볍게 뿌린다. 준비한 반죽을 틀에 붓고 예열한 오븐에 12~14분 정도 굽는다. 1인용 케이크 틀이라면 8분간 굽는다.

4 오븐에서 꺼내 한 김 나가면 틀에서 꺼내고 식힘망에 올려 충분히 식힌다.

• 단계별 레시피 •

Cheesecake
치즈 케이크

★★★

6~8인분

준비: 15분 가열: 70분 냉장 보관: 하룻밤
바닥과 옆면이 분리되는 치즈 케이크 틀 1개 또는
바닥과 옆면이 분리되는 케이크 틀(지름 18~20㎝) 1개

재료

• 시트
실온에서 말랑해진 버터 105g
비정제 흑설탕 105g
아몬드 분말 105g
밀가루 105g

• 필링
크림 타입의 코티지치즈 180g
슈거파우더 180g
크림치즈 400g
달걀 3개
바닐라 농축액 1ts

시트 준비하기(하루 전날)

1 오븐을 150℃(온도조절기 5)로 예열한다.
2 믹싱볼에 버터와 흑설탕을 넣는다. ①
3 아몬드 분말과 밀가루도 넣는다. ②
4 스탠드믹서로 반죽한 뒤 작업대로 옮겨 다시 손으로 반죽한다. ③
5 치즈 케이크 틀 바닥에 반죽을 평평하게 깔고 틀 옆면에도 반죽을 얇게 펴 발라 손가락으로 눌러준 다음 ④ 예열한 오븐에 10분간 굽는다. ⑤

필링 준비하기

볼에 코티지치즈, 슈거파우더, 크림치즈(필라델피아 크림치즈 또는 같은 종류)를 넣고 ⑥ 거품기로 고루 섞는다. ⑦ 달걀을 하나씩 넣으며 섞은 다음 ⑧ 바닐라 농축액(바닐라 엑스트랙트)을 넣고 한 번 더 거품기로 골고루 섞는다. ⑨

케이크 준비하기

1 오븐에서 시트를 꺼낸 뒤 ⑩ 오븐 온도를 140℃(온도조절기 4~5)로 낮춘다. 준비해둔 필링을 시트에 붓고 ⑪ 예열한 오븐에 60분 정도 굽다가 표면이 갈라지기 시작하면 바로 오븐을 끈다.
2 완성된 치즈 케이크를 오븐 속에서 그대로 충분히 식힌 뒤 냉장고로 옮겨 이튿날까지 보관한다.

Tip 완성된 치즈 케이크에 제철 과일을 올려 장식해보세요. 베리 종류가 특히 잘 어울립니다. 쿨리(과일 퓌레)를 곁들여도 좋습니다.

①

②

③

· 단계별 레시피 ·

Cheesecake

치즈 케이크

Brownies
브라우니

12조각 분량*

*또는 미니 브라우니 24조각 분량

준비: 10분 가열: 25분
정사각형 케이크 틀(한 변 24cm) 또는 직사각형 케이크 틀(30cm×20cm)

재료

• 반죽
밀가루 85g
소금 2꼬집
베이킹파우더 3g
버터 215g
다크커버추어초콜릿 칩(또는 칼로 거칠게 다진 것) 245g
달걀 4개
슈거파우더 290g
다진 호두 145g

• 토핑
속껍질을 벗긴 피칸 145g

브라우니 만들기

1 오븐을 160℃(온도조절기 5~6)로 예열한다. 밀가루, 소금, 베이킹파우더를 체에 내린다.

2 작은 냄비(또는 전자레인지)에 버터를 녹인 뒤 불에서 내리고 초콜릿을 넣는다. 몇 분간 휴지시켰다가 거품기로 고루 섞어 초콜릿을 부드럽게 녹인다.

3 믹싱볼에 달걀과 슈거파우더를 넣고 휘핑해 거품을 올린 다음 체에 내린 가루 재료를 섞는다. 여기에 다진 호두, 버터에 녹인 초콜릿을 넣고 한 번 더 골고루 섞어 반죽한다.

4 정사각형 틀에 버터를 얇게 펴 바르고 브라우니 반죽을 붓는다. 위에 피칸을 얹어 예열한 오븐에 25분간 굽는다.

5 오븐에서 꺼내 한 김 나가면 틀에서 빼내 잘 식혀서 알맞은 크기로 등분한다.

Pain d'épices aux fruits

과일 팡 데피스

6~8인분

준비: 15분(이틀에 걸쳐 만들기)   가열: 5분+2시간   향신료 우려내기: 24시간
직사각형 파운드케이크 틀(길이 18cm)

재료

- 반죽

밀가루 140g
감자전분 15g
베이킹파우더 5g
베이킹소다(스푼에 채운 뒤 평평하게 깎아서 계량) 1ts
럼 2Ts
네모꼴로 잘게 다진 건살구 30g
네모꼴로 잘게 다진 오렌지 필(콩피) 30g
씨를 빼고 네모꼴로 잘게 다진 자두 30g
속껍질을 벗긴 아몬드 30g

- 시럽

슈거파우더 80g
꿀 80g
팔각(스타 아니스) 4개
꺄트르 에피스 ¼ts
시나몬 스틱 ⅓개

시럽 준비하기(하루 전날)

냄비에 시럽 재료와 물 120㎖를 넣고 약불에서 5분간 달인다. 냄비를 불에서 내린 다음 향신료 향이 충분히 우러나도록 24시간 동안 가만히 놔둔다.

팡 데피스 만들기(당일)

1 차 여과기에 준비해놓은 시럽을 거른다.

2 오븐을 160℃(온도조절기 5~6)로 예열한다. 커다란 볼을 준비해 밀가루, 감자전분, 베이킹파우더, 베이킹소다를 체에 내린다. 이 가루 재료에 걸러낸 시럽을 붓고 고루 섞는다. 럼, 과일, 아몬드도 넣고 실리콘 주걱으로 골고루 섞어 반죽한다.

3 파운드케이크 틀에 버터를 얇게 펴 바르고 틀 바닥과 옆면에 유산지를 입힌다. 준비한 반죽을 틀에 붓고 예열한 오븐에 2시간 굽는다.

4 오븐에서 꺼내 한 김 나가면 틀에서 빼내 충분히 식혀서 알맞은 크기로 등분한다.

걔토 바스크

6~8인분

준비: 25분 냉장 보관: 3시간 가열: 5분+40분
원형 케이크 틀(지름 24cm) 1개 또는 1인용 타르틀레트 틀(지름 10cm) 8개

재료

- **반죽** 밀가루 245g, 베이킹파우더 8g, 버터 150g, 슈거파우더 75g, 비정제 흑설탕 45g, 아몬드 분말 30g, 달걀노른자 3개 분량, 바닐라 농축액 2ts
- **크렘 파티시에르** 슈거파우더 30g, 달걀노른자 1개 분량, 옥수수 전분 1Ts, 우유 150㎖, 버터 20g
- **아몬드 크림** 실온에서 말랑해진 버터 65g, 달걀 1개, 슈거파우더 65g, 아몬드 분말 65g, 옥수수 전분 1Ts, 럼 4Ts
- **달걀물** 달걀노른자 2개 분량

반죽 만들기

반죽 재료 중 밀가루와 베이킹파우더를 체에 내린다. 나머지 반죽 재료는 스탠드믹서 볼에 넣고 몇 분간 저속으로 반죽한다. 여기에 체에 내린 가루 재료를 넣고 한 번 더 반죽한다. 반죽을 한 덩어리로 뭉쳐 냉장고에 1시간 이상 넣어둔다.

크렘 파티시에르 만들기

볼에 슈거파우더와 달걀노른자를 넣고 뽀얀 크림 상태가 될 때까지 휘핑한다. 옥수수 전분을 넣고 한 번 더 휘핑한다. 이때 옥수수 전분은 스푼에 채운 뒤 평평하게 깎아서 계량한 것이어야 한다. 이 혼합물에 뜨겁게 데운 우유를 붓고 뭉치지 않게 고루 섞는다. 이 것을 냄비에 넣고 중불에서 5분 정도 줄기차게 휘저어 걸쭉한 크림을 만든다. 마지막으로 버터를 넣어 핸드블렌더로 잘 섞은 다음 최소 3시간 이상 냉장고에 넣어둔다.

아몬드 크림 만들기

아몬드 크림 재료를 한데 휘핑해 아몬드 크림을 만든 다음 크렘 파티시에르와 혼합한다.

걔토 바스크 만들기

1 오븐을 180℃(온도조절기 6)로 예열한다. 준비해둔 반죽을 크고 작은 두 덩이로 나누는데 큰 덩이가 작은 덩이의 2배가 되게 한다. 큰 덩이를 최대한 넓게 밀어서 틀에 깐 다음 아몬드 크림과 크렘 파티시에르 혼합물을 채워 밑판을 완성한다.

2 이번에는 작은 덩이를 밀어서 지름 24cm 동그라미 꼴로 오려 덮개를 만든다. 가장자리에 솔로 달걀노른자 물을 칠해서 밑판에 덮고 이음 부위를 손가락으로 꾹꾹 눌러 봉합한다.

3 그다음 달걀노른자 물을 덮개에 듬뿍 2번 바른다. 이때 1번 바르고 10분간 말린 후 덧발라야 한다. 예열한 오븐에 넣어 40분간 굽는다.

4 1인용 타르틀레트 틀로 만들 때는 지름 14cm 동그라미 8개와 지름 10cm 동그라미 8개를 만들어 각각 밑판과 덮개로 사용한다.

Tip 크렘 파티시에르(커스터드 크림) 만드는 법은 148페이지 레시피를 참고하세요.

쿠글로프

12~16인분

준비: 기계 반죽 25분(손 반죽 45분) 발효: 4~5시간 가열: 25~35분
쿠글로프 틀 중간 크기 2개

재료

- **반죽** 밀가루 275g, 소금 1ts(스푼에 채운 뒤 평평하게 깎아서 계량), 슈거파우더 55g, 밀크파우더 2Ts, 제빵용 이스트(생효모) 8g, 드라이이스트(천연효모를 건조한 것) 10g, 달걀 2개, 실온에서 말랑해진 버터 140g, 청포도 80g, 아몬드 슬라이스 85g
- **틀 바닥에 까는 재료** 아몬드 24알
- **장식** 아이싱슈거 40g

쿠글로프 만들기

1 버터, 청포도, 아몬드 슬라이스를 제외한 모든 가루 재료를 스탠드믹서 볼에 넣고 저속으로 5분, 고속으로 5분 돌린다. 버터를 넣고 5분 더 돌린다. 손 반죽할 때는 시간을 배로 늘린다. 이제 건포도와 아몬드 슬라이스를 넣고 고루 섞는다.

2 면 수건에 물을 살짝 적셔 반죽에 덮은 다음 서늘한 곳에서 1시간 동안 발효시킨다.

3 발효되어 잘 부푼 반죽을 살살 치대서 공기를 꺼뜨린다. 작업대에 밀가루를 뿌려놓고 반죽을 매만져 두 덩이로 나눈다. 각각의 반죽에 버터를 듬뿍 바르고 틀 바닥의 움푹 팬 골에 아몬드를 1알씩 넣는다.

4 반죽 가운데에 움푹하게 구멍을 낸 다음 손가락으로 늘여서 왕관 모양을 만든다. 틀 하나당 왕관 모양 반죽을 하나씩 넣는다.

5 이 반죽을 서늘한 곳에서 3~4시간 발효시킨다.

6 오븐을 160℃(온도조절기 5~6)로 예열한 후 반죽을 넣고 25~35분간 굽는다.

7 쿠글로프를 틀에서 빼내 식힘망에 올려 충분히 식힌 다음 아이싱슈거를 뿌려 마무리한다.

Les biscuits
쿠키와 비스킷

Madeleines
마들렌

30개 분량

준비: 10분(이틀에 걸쳐 만들기) 냉장 보관: 하룻밤 가열: 17분
마들렌 틀 1개

재료

• 반죽
버터 220g
밀가루 220g
베이킹파우더 7g
달걀 4개
슈거파우더 250g
바닐라 농축액 1ts

반죽 준비하기(하루 전날)

1 밀가루와 베이킹파우더를 체에 내린다. 믹싱볼(또는 스탠드믹서 볼)에 달걀, 슈거파우더, 바닐라 농축액을 넣고 휘핑한다. 여기에 체에 내린 가루를 넣고 고루 섞는다. 미리 녹여둔 버터를 넣고 한 번 더 휘핑해 매끄럽고 윤이 나는 반죽을 만든다.

2 이 반죽을 마들렌 틀에 3분의 2만큼 붓고 냉장고에서 하룻밤 숙성시켰다가 구우면 가장 좋다. 이때 반죽만 따로 냉장고에 넣어뒀다가 다음날 틀에 부어도 괜찮다. 냉장고에서 숙성시켜 구워야 마들렌의 상징인 볼록한 배 모양이 잘 부풀어 오른다.

굽기(당일)

오븐을 160℃(온도조절기 5~6)로 예열한 다음 준비한 반죽을 부어 17분간 굽는다.

Financiers nature
플레인 피낭시에

★★★
12개 분량*

*또는 미니 피낭시에 36개 분량

준비: 10분 가열: 14분
피낭시에 틀 1개

재료
• 반죽
아이싱슈거 115g
아몬드 분말 55g
베이킹파우더 1꼬집
밀가루 35g
버터 65g
달걀흰자 2개 분량
바닐라 농축액 1ts

피낭시에 만들기

1 작은 냄비나 전자레인지에 버터를 녹여둔다. 오븐을 160℃(온도조절기 5~6)로 예열한다. 볼을 준비해 아이싱슈거, 아몬드 분말, 베이킹파우더, 밀가루를 체에 내린다.

2 믹싱볼 또는 스탠드믹서 볼에 달걀흰자를 넣고 저속으로 휘핑해 거품을 올린다. 여기에 체에 내린 가루 재료와 바닐라 농축액을 조금씩 넣어가며 섞다가 마지막으로 녹인 버터를 넣고 한 번 더 골고루 섞는다.

3 피낭시에 틀에 버터를 얇게 펴 바른다. 실리콘 틀이라면 버터를 바르지 않아도 된다. 틀에 반죽을 붓고 예열한 오븐에 14분간 굽는다.

Tip 클래식 피낭시에 12구 틀을 기준으로 1구의 크기는 9.5cm×5cm(직사각형), 지름 7.5cm(원형)입니다. 미니 피낭시에 12구 실리콘 틀을 기준으로 1구의 크기는 지름 3cm(반구형)입니다.

Financiers chocolat ou pistache
초콜릿·피스타치오 피낭시에

12개 분량*

*또는 미니 피낭시에 36개 분량

준비: 10분 가열: 14분
피낭시에 틀 1개

초콜릿 피낭시에 재료

• 반죽

아이싱슈거 115g
아몬드 분말 30g
베이킹파우더 1꼬집
밀가루 15g
코코아파우더 15g
헤이즐넛 분말 30g
버터 55g
달걀흰자 2개 분량

피낭시에 만들기

가루 재료를 체에 내려서 플레인 피낭시에와 같은 방식으로 만든다. 피낭시에 틀에 반죽을 붓고 나서 초콜릿 칩을 뿌려서 구워도 좋다.

피스타치오 피낭시에 재료

• 반죽

아이싱슈거 15g
아몬드 분말 55g
베이킹파우더 1꼬집
밀가루 35g
피스타치오 페이스트 12g
버터 65g
달걀흰자 2개 분량

피낭시에 만들기

가루 재료를 체에 내려서 플레인 피낭시에와 같은 방식으로 만들다가 피스타치오 페이스트를 섞은 뒤에 녹인 버터도 함께 섞는다. 피낭시에 틀에 반죽을 부은 다음 곱게 다진 피스타치오를 뿌려서 구워도 좋다.

Tip 클래식 피낭시에 12구 틀을 기준으로 1구의 크기는 9.5cm×5cm(직사각형), 지름 7.5cm(원형)입니다.
미니 피낭시에 12구 실리콘 틀을 기준으로 1구의 크기는 지름 3cm(반구형)입니다.

Financiers au thé vert
그린티 피낭시에

12개 분량*

*또는 미니 피낭시에 36개 분량

준비: 10분 가열: 14분
피낭시에 틀 1개

재료

- **반죽** 아이싱슈거 115g, 아몬드 분말 55g, 베이킹파우더 1꼬집, 녹차 가루(말차) 2ts, 밀가루 35g, 버터 65g, 달걀흰자 2개 분량, 양귀비씨 2ts(스푼에 채운 뒤 평평하게 깎아서 계량)

피낭시에 만들기

1 작은 냄비나 전자레인지에 버터를 미리 녹여둔다. 오븐을 160℃(온도조절기 5~6)로 예열한다. 볼을 준비해 아이싱슈거, 아몬드 분말, 베이킹파우더, 녹차 가루, 밀가루를 체에 내린다. 이때 더 고운 분말과 또렷한 빛깔을 원한다면 녹차 대신 말차를 사용하는 편이 낫다.

2 믹싱볼 또는 스탠드믹서 볼에 달걀흰자를 넣고 저속으로 휘핑해 거품을 올린다. 체에 내린 가루 재료를 조금씩 넣어가며 섞다가 녹인 버터를 넣고 한 번 더 골고루 섞는다.

3 피낭시에 틀에 버터를 얇게 펴 바른다. 실리콘 틀이라면 버터를 바르지 않아도 된다. 틀에 반죽을 붓고 양귀비씨를 뿌려 예열한 오븐에 14분간 굽는다.

Tip 클래식 피낭시에 12구 틀을 기준으로 1구의 크기(형태)는 9.5cm×5cm(직사각형), 지름 7.5cm(원형)입니다. 미니 피낭시에 12구 실리콘 틀을 기준으로 1구의 크기(형태)는 지름 3cm(반구형)입니다.

Tuiles aux amandes
아몬드 튀일

36~48개 분량

준비: 10분 가열: 7분

재료

• 반죽

달걀흰자 3개 분량
슈거파우더 125g
바닐라 농축액 1ts
밀가루 25g
아몬드 슬라이스 125g

튀일 만들기

1 오븐을 180℃(온도조절기 6)로 예열한다. 볼에 달걀흰자, 슈거파우더, 바닐라 농축액, 밀가루를 넣고 골고루 섞는다. 멍울 없이 잘 섞이면 아몬드 슬라이스를 넣고 뒤섞어 반죽한다.

2 오븐 팬에 유산지(또는 실리콘 베이킹 매트)를 깔고 반죽을 1Ts씩 올려 펼친다. 이때 반죽 사이사이를 넉넉히 띄운다.

3 예열한 오븐에 7분간 굽는다. 튀일 가장자리에만 연갈색의 구운 색이 나도록 한다.

4 오븐에서 팬을 꺼내 튀일이 굳기 전에, 즉 잘 휘어질 때 재빨리 금속제 팔레트(스패튤라)로 떼낸다. 곧바로 튀일을 밀대(또는 빈 유리병) 위에 3~4개씩 걸쳐 놓는다. 굳으면 밀대에서 떼내 밀폐 용기에 가지런히 담아 보관한다.

응용: 오렌지 튀일

오렌지 튀일은 이렇게 만듭니다. 반죽에 아몬드 슬라이스 대신 곱게 다진 아몬드를 넣고, 오렌지 콩피 50g을 주사위 꼴로 아주 잘게 썰어서 넣으세요.

Palets aux raisins
건포도 비스킷

36~48개 분량

준비: 10분 가열: 7분

재료

• 반죽
달걀흰자 3개 분량
슈거파우더 125g
밀가루 25g
곱게 다진 아몬드 125g

• 토핑
건포도 50g

비스킷 만들기

1 오븐을 180℃(온도조절기 6)로 예열한다. 믹싱볼에 달걀흰자, 슈거파우더, 밀가루를 넣고 골고루 섞는다. 멍울 없이 잘 섞이면 곱게 다진 아몬드를 넣고 뒤섞어 반죽한다.

2 오븐 팬에 유산지(또는 실리콘 베이킹 매트)를 깔고 반죽을 1Ts씩 올려 펼친다. 이때 반죽 사이사이를 넉넉히 띄운다. 반죽 위에 건포도를 적당히 뿌리고 예열한 오븐에 7분간 굽는다. 비스킷 가장자리에만 연갈색의 구운 색이 나도록 신경 쓴다.

3 오븐에서 팬을 꺼내고 유산지에서 비스킷을 하나하나 떼낸다. 잘 식혀서 밀폐 용기에 가지런히 담아 보관한다.

디아망

50개 분량

준비: 15분(이틀에 걸쳐 만들기)　냉장 보관: 하룻밤　가열: 10분

재료
- **반죽**　실온에서 말랑해진 버터 225g, 슈거파우더 100g, 바닐라 농축액 1ts, 달걀노른자 1개 분량, 밀가루 315g
- **코팅**　달걀노른자 1개 분량, 슈거파우더 75g

반죽 준비하기(하루 전날)
스탠드믹서 볼에 버터, 슈거파우더, 바닐라 농축액을 넣고 휘핑해 크림처럼 부드럽게 푼다. 달걀노른자와 밀가루를 순서대로 넣고 고루 섞어서 반죽한다. 이 반죽을 이등분한 뒤 지름 4cm 정도의 동그란 밀대 모양으로 2개를 말아 빚는다. 랩에 싸서 최소 하룻밤 이상 냉장고에 넣어둔다.

굽기(당일)
오븐을 180℃(온도조절기 6)로 예열한다. 냉장고에서 반죽을 꺼내 랩을 벗기고 솔로 달걀노른자 물을 바른다. 그다음 슈거파우더에 돌돌 굴려 골고루 묻히고 두께 1.5cm 정도의 동그라미 꼴로 썬다. 오븐 팬에 유산지(또는 실리콘 베이킹 매트)를 깔고 띄엄띄엄 반죽을 배열해서 예열한 오븐에 10분간 굽는다.

응용: 초콜릿 디아망
반죽 재료만 다르고 나머지 방법은 같습니다. 필요한 재료는 실온에서 말랑해진 버터 265g, 슈거파우더 105g, 달걀노른자 1개 분량, 밀가루 265g, 코코아파우더 35g, 소금 2꼬집입니다. 밀가루에 코코아파우더, 소금을 섞어 체에 내려뒀다가 반죽할 때 넣으세요.

Meringues
머랭 쿠키

24개 분량

준비: 5분 가열: 1시간

재료
• 반죽 달걀흰자 3개 분량, 슈거파우더 200g

쿠키 만들기

1 오븐을 100℃(온도조절기 3~4)로 예열한다. 달걀흰자를 휘핑하다가 50% 정도 거품이 올라오면 슈거파우더를 조금씩 넣으며 계속 휘핑해 새틴처럼 매끄럽고 윤이 나는 머랭 반죽을 만든다.

2 오븐 팬에 유산지(또는 실리콘 베이킹 매트)를 깔고 반죽을 1Ts씩 듬뿍 떠서 얹은 다음 예열한 오븐에 1시간 굽는다.

3 잘 식혀 유산지에서 머랭 쿠키를 떼낸다. 습도가 높다면 밀폐 용기에 보관한다.

응용: 머랭 쿠키 색깔 내는 법

액상형 식용색소를 몇 방울(분말형 식용색소는 칼끝으로 1번 찍은 분량) 첨가해서 좋아하는 색깔의 머랭을 만들어보세요.

Tip 머랭 반죽 위에 아몬드 슬라이스를 뿌려서 구워도 색다릅니다.

Langues de chat
랑그 드 샤

50개 분량

준비: 10분 가열: 5분

재료

• 반죽

실온에서 말랑해진 버터 75g
아이싱슈거 125g
체에 내린 밀가루 100g
달걀흰자 3개 분량
바닐라 농축액 1ts

랑그 드 샤 만들기

1 믹싱볼에 버터와 아이싱슈거를 넣고 휘핑한다. 먼저 달걀흰자를 섞는다. 체에 내린 밀가루와 바닐라 농축액을 넣고 한 번 더 골고루 섞어 반죽한다.

2 오븐을 180℃(온도조절기 6)로 예열한다. 짤주머니에 지름 6㎜ 원형 깍지를 끼우고 반죽을 넣는다. 오븐 팬에 유산지(또는 실리콘 베이킹 매트)를 깐 다음 6~7㎝ 길이 정도로 반죽을 짠다. 이때 반죽 사이사이를 2㎝ 정도 띄운다. 예열한 오븐에 5분간 굽는다. 가장자리만 연갈색이 나도록 신경쓴다.

3 오븐에서 팬을 꺼내고 랑그 드 샤를 떼낸다. 잘 식혀서 밀폐 용기에 가지런히 담아 보관한다.

쿠키

24개 분량

준비: 10분 냉동 보관: 1시간 가열: 12~14분

재료

- **블랙 쿠키** 밀가루 365g, 베이킹파우더 10g, 소금 1ts, 실온에서 말랑해진 버터 185g, 비정제 흑설탕 395g, 달걀 2개, 다크커버추어초콜릿 칩(또는 칼로 거칠게 다진 것) 340g, 껍질 벗긴 호두 100g, 피칸 110g
- **화이트 쿠키** 밀가루 370g, 베이킹파우더 10g, 소금 1ts, 실온에서 말랑해진 버터 185g, 비정제 흑설탕 340g, 달걀 2개, 화이트커버추어초콜릿 버튼 타입(또는 칼로 거칠게 다진 것) 340g, 마카다미아 100g, 피칸 110g

반죽하기

1 맨 먼저 밀가루에 베이킹파우더와 스푼에 채운 뒤 평평하게 깎아서 계량한 소금을 섞어 체에 내린다.
2 볼에 버터와 흑설탕을 넣고 휘핑해 크림처럼 부드럽게 풀어준다. 달걀을 넣고 한 번 더 휘핑한다. 체에 내린 가루 재료를 넣고 고루 섞은 다음 초콜릿과 너트(호두와 피칸)를 넣고 손으로 뭉쳐 반죽한다.
3 랩을 널찍하게 네모꼴로 펼친 다음 반죽을 올려 지름 5~6cm의 원통 모양으로 빚는다. 냉동실에 최소 1시간 이상 넣어둔다.

굽기

1 오븐을 180℃(온도조절기 6)로 예열하고 가능하면 열이 골고루 순환하는 '컨벡션 모드'로 맞춘다.
2 냉동실에서 쿠키 반죽을 꺼내 랩을 벗기고 두께 1.5cm 정도의 동그라미 꼴로 자른다. 철제 쿠키 팬이나 유산지에 반죽을 배열하고 크기에 따라 12~14분 정도 예열한 오븐에 굽는다.
3 쿠키가 한 김 식으면 팬 또는 유산지에서 떼낸다.

Tip 쿠키를 전자레인지에 10초만 살짝 돌려 초콜릿을 알맞게 녹인 다음 찬 우유와 먹어도 맛있습니다. 쿠키를 반죽할 때 레시피 분량보다 2~3배 더 만들어 원통 모양으로 빚은 다음 냉동실에 얼려두면, 필요할 때 요긴하게 쓸 수 있습니다.

터키풍 비스킷

50개 정도의 분량

준비: 20분(이틀에 걸쳐 만들기) 냉장 보관: 24시간 가열: 6분

재료

• 반죽

실온에서 말랑해진 버터 200g
아이싱슈거 150g
달걀흰자 1개 분량
밀가루 250g
아몬드 슬라이스 175g
시나몬 파우더 ½ts

반죽 준비하기(하루 전날)

1 스탠드믹서 볼에 버터와 아이싱슈거를 넣고 휘핑해 크림처럼 부드럽게 푼다. 볼을 하나 더 준비해 달걀흰자, 밀가루, 아몬드 슬라이스, 시나몬 파우더를 고루 섞는다. 이것을 스탠드믹서 볼에 넣어 반죽한다.

2 16cm×10cm 정도 되는 플라스틱 용기에 3.5cm 높이로 반죽을 다져 냉장고에 24시간 동안 넣어둔다.

굽기(당일)

1 비스킷 반죽을 용기에서 빼내 도마에 올려놓고 폭이 4cm 정도 되는 막대 모양으로 자른다. 그 사이에 오븐을 180℃(온도조절기 6)로 예열한다. 막대 모양 반죽을 5mm 두께의 네모꼴로 가다듬는다. 오븐 팬에 유산지(또는 실리콘 베이킹 매트)를 깔고 네모꼴 반죽을 배열한다. 예열한 오븐에 6분간 굽는다.

2 비스킷이 충분히 식으면 밀폐 용기에 보관한다.

Les tartes
먹기 아까운 타르트

Pâte sablée
파트 사블레

타르트 틀
(지름 24~26cm)

준비: 10분(이틀에 걸쳐 만들기) 냉장 보관: 최소한 1시간, 하룻밤(가급적)+1시간
가열: 각 레시피에 제시된 시간

재료
- **반죽** 버터 90g, 슈거파우더 20g, 아이싱슈거 35g, 소금 2꼬집, 아몬드 분말 20g, 달걀 1개, 밀가루 145g

반죽 준비하기(하루 전날)
1 스탠드믹서 볼에 버터, 슈거파우더, 아이싱슈거, 소금, 아몬드 분말을 넣는다. ①
2 저속으로 반죽해 크림처럼 부드럽게 푼다. ②
3 달걀을 넣고 한 번 더 반죽한다.
4 마지막으로 밀가루를 넣어 모든 재료가 잘 섞이도록 한다.
5 반죽을 랩으로 싸서 냉장고에 최소 1시간, 가급적이면 하룻밤 정도 넣어둔다. ③

굽기(당일)
1 오븐을 예열한다. 각 레시피에 제시된 온도로 설정한다. 작업대에 밀가루를 뿌리고 반죽을 3mm 두께로 민다. ④
2 타르트 틀에 깔기 편하도록 파트 사블레(사블레 반죽)를 접거나⑤ 밀대에 말아놓는다.
3 틀에 반죽을 평평하게 깐다. 반죽은 열을 받으면 수축하므로 가장자리 부분을 바짝 당겨서 늘어지지 않도록 한다. ⑥ 반죽을 밀 때 타르트 틀 크기에 딱 맞추지 말고 여분을 넉넉히 두는 것이 좋다. 반죽을 깔아놓은 틀째로 냉장고에 1시간 넣어둔다.
4 반죽에 깔 유산지를 바닥과 옆면이 충분히 덮이도록 동그라미 꼴로 큼직하게 오린다. ⑦
5 파트 사블레 위에다 유산지를 깐다.
6 그 유산지 위에 타르트 누름돌(인터넷 및 제과용품 전문점에서 판매)을 골고루 채운다. ⑧
7 각 레시피에 제시된 시간대로 예열한 오븐에 구운 다음 누름돌을 거둬낸다. ⑨

Tip 파트 사블레(사블레 반죽)는 손 반죽을 해도 되고 기계로 반죽해도 좋습니다.

Tarte aux fraises et crème légère à la vanille
딸기를 올린 바닐라 크림 타르트

6~8인분

준비: 30분(파트 사블레 만드는 시간은 제외) 가열: 20분 + 5분 냉장 보관: 2시간
바닥이 분리되는 타르트 틀이나 타르트 링(지름 24cm) 1개
또는 1인용 타르틀레트 틀(지름 10cm) 8개

재료
- **파트 사블레** 버터 90g, 슈거파우더 20g, 아이싱슈거 35g, 소금 2꼬집, 아몬드 분말 20g, 달걀 1개, 밀가루 145g
- **아몬드 크림** 버터 50g, 슈거파우더 50g, 달걀 1개, 아몬드 분말 50g, 옥수수 전분 1ts, 럼 1ts
- **바닐라 크렘 레제르** 슈거파우더 60g, 달걀노른자 2개, 옥수수 전분 25g, 바닐라파우더 칼끝으로 1번 찍은 분량, 우유 300㎖, 판 젤라틴 1장, 뜨거운 물 2Ts, 액상 생크림(유지방 36% 이상) 150㎖
- **토핑** 딸기 500g, 아이싱슈거 적당량

파트 사블레 만들기
1 72페이지 레시피를 참고해 파트 사블레를 만들고 휴지시킨다.
2 오븐을 160℃(온도조절기 5~6)로 예열한다. 타르트 틀에 반죽을 평평하게 깐다.

아몬드 크림 만들기
스탠드믹서 볼에 버터와 슈거파우더를 넣고 휘핑해 크림처럼 부드럽게 푼다. 달걀을 넣어 고루 섞은 다음 아몬드 분말과 옥수수 전분을 넣고 한 번 더 섞은 뒤, 마지막에 럼을 넣고 골고루 혼합해서 아몬드 크림을 완성한다. 타르트 바닥에 아몬드 크림을 깔고 예열한 오븐에 20분간 굽는다.

토핑 준비하기
딸기는 재빨리 씻어서 키친타월에 얹어 물기를 꼼꼼히 거둬낸다. 꼭지를 따고 알이 굵은 것은 반으로 가른다.

바닐라 크렘 레제르 만들기
1 볼에 슈거파우더와 달걀노른자를 넣고 뽀얀 크림 상태가 될 때까지 휘핑한다. 옥수수 전분과 바닐라 파우더를 넣고 한 번 더 휘핑해 혼합한다. 바닥이 두꺼운 냄비에 우유를 뜨겁게 데워서 이 혼합물에 붓는다. 이것을 냄비로 옮긴 다음 중불에서 5분 정도 뒤섞어 가며 수분을 날려 걸쭉한 '크림'을 만든다.
2 젤라틴을 찬물에 10분간 불려 물기를 닦아내고 뜨거운 물에 녹인다. 준비해둔 크림에 녹인 젤라틴을 넣어 고루 섞는다. 이 혼합물을 냄비에서 볼로 옮겨 잘 식히면 '크렘 파티시에르'가 완성된다. 생크림을 차가운 상태에서 휘핑해 거품을 올린 다음 크렘 파티시에르에 넣어 실리콘 주걱으로 섞으면 '크렘 레제르'다.
3 타르트에 발라놓은 아몬드 크림 위에 크렘 레제르를 깔고 딸기를 얹어 타르트를 완성한다. 냉장고에 최소 2시간 이상 넣어둔 후에 아이싱슈거를 뿌려 마무리한다.

Tarte chocolat praliné
초콜릿 프랄린 타르트

★★★
6~8인분

준비: 30분(파트 사블레 만드는 시간은 제외) 가열: 15분 + 30분 냉장 보관: 2시간
바닥이 분리되는 타르트 틀이나 타르트 링(지름 20cm) 1개
또는 1인용 타르틀레트 틀(지름 10cm) 8개

재료
- **파트 사블레** 버터 90g, 슈거파우더 20g, 아이싱슈거 35g, 소금 2꼬집, 아몬드 분말 20g, 달걀 1개, 밀가루 145g
- **초콜릿 소스** 다크커버추어초콜릿 버튼 타입(또는 칼로 거칠게 다진 것) 110g, 밀크커버추어초콜릿 버튼 타입
  (또는 칼로 거칠게 다진 것) 110g, 액상 생크림(유지방 36% 이상) 200㎖, 버터 45g, 달걀 2개, 달걀노른자 1개 분량,
  바닐라 농축액 1Ts
- **프랄리네 푀유틴** 프랄린 페이스트 180g, 파이테 푀유틴 20g
- **글라사주** 다크커버추어초콜릿 75g, 버터 25g

파트 사블레 만들기
1 72페이지 레시피를 참고해 파트 사블레를 만들고 휴지시킨다.
2 오븐을 160℃(온도조절기 5~6)로 예열한다. 타르트 틀에 반죽을 평평하게 깔고 예열한 오븐에 15분간 굽는다.

초콜릿 소스 만들기
믹싱볼에 다크커버추어초콜릿과 밀크커버추어초콜릿을 넣는다. 바닥이 두꺼운 냄비에 생크림과 버터를 넣고 한소끔 끓여 초콜릿에 붓는다. 몇 분간 휴지시켰다가 표면이 매끈해지도록 고루 섞는다. 볼에 달걀, 달걀노른자, 바닐라 농축액을 넣고 휘핑한 다음 초콜릿 혼합물과 골고루 뒤섞어 윤기가 도는 초콜릿 소스를 완성한다.

프랄리네 푀유틴 만들기
프랄린 페이스트(인터넷이나 제과용품 전문점에서 판매)와 푀유틴(크레페 조각)을 혼합한다.

굽기
프랄리네 푀유틴을 타르트 바닥에 골고루 깐다. 그 위에 초콜릿 소스를 덮어 예열한 오븐에 30분간 굽는다. 잘 식혀서 최소 2시간 이상 냉장고에 넣어둔다.

글라사주 만들기
초콜릿과 버터를 한데 합쳐 중탕하거나 전자레인지에 1분간 돌려 잘 녹인 뒤 타르트 표면에 펴 바른다.

Tip 타르트 장식으로는 누가틴 조각을 꽂거나 코팅팬에 헤이즐넛 30g을 넣은 다음 슈거파우더 30g을 뿌려 노릇하게 구운 것을 얹어도 좋습니다. 단, 타르트를 충분히 식힌 다음에 장식하세요.

Tarte aux abricots et crème amande-pistache

살구를 올린 아몬드 피스타치오 크림 타르트

6~8인분

준비: 20분(파트 사블레 만드는 시간은 제외) 가열: 15분 + 30분
바닥이 분리되는 타르트 틀이나 타르트 링(지름 20cm) 1개
또는 1인용 타르틀레트 틀(지름 10cm) 8개

재료

- **파트 사블레** 버터 90g, 슈거파우더 20g, 아이싱슈거 35g, 소금 2꼬집, 아몬드 분말 20g, 달걀 1개, 밀가루 145g
- **아몬드 피스타치오 크림** 실온에서 말랑해진 버터 75g, 피스타치오 페이스트 40g, 슈거파우더 75g, 달걀 2개, 아몬드 분말 75g, 옥수수 전분 1Ts, 럼 ½Ts
- **토핑** 살구 통조림 이등분 크기 800g(또는 제철 살구 1kg)
- **장식** 나파주(제과용 광택제) 3Ts(또는 살구잼 2Ts을 물 1Ts에 희석한 것), 다진 피스타치오 30g

파트 사블레 만들기

1 72페이지 레시피를 참고해 파트 사블레를 만들고 휴지시킨다.
2 오븐을 160℃(온도조절기 5~6)로 예열한다. 타르트 틀에 반죽을 평평하게 깔고 예열한 오븐에 15분간 굽는다.

아몬드 피스타치오 크림 만들기

스탠드믹서 볼에 버터, 피스타치오 페이스트, 슈거파우더를 넣고 휘핑해 크림처럼 부드럽게 푼다. 여기에 달걀, 아몬드 분말, 옥수수 전분, 럼을 차례로 섞어 아몬드 피스타치오 크림을 만든다. 이때 옥수수 전분은 스푼에 채운 뒤 평평하게 깎아서 계량한 것을 쓴다.

굽기

1 타르트 바닥에 아몬드 피스타치오 크림을 골고루 깐 다음, 살구 조각을 활짝 핀 꽃잎 모양으로 올린다. 예열한 오븐에 30분간 굽는다.
2 나파주를 물에 희석해 한소끔 끓인 뒤 잘 식혀서 타르트 표면에 바르고 곱게 다진 피스타치오를 뿌려 마무리한다.

Tarte au citron meringuée
레몬 머랭 타르트

★★★
6~8인분

준비: 25분(파트 사블레 만드는 시간은 제외) 가열: 24분 냉장 보관: 2시간
바닥이 분리되는 타르트 틀이나 타르트 링(지름 24cm) 1개
또는 1인용 타르틀레트 틀(지름 10cm) 8개

재료
- 파트 사블레 버터 90g, 슈거파우더 20g, 아이싱슈거 35g, 소금 2꼬집, 아몬드 분말 20g, 달걀 1개, 밀가루 145g
- 레몬 크림 갓 짜낸 레몬즙 350㎖(레몬 5~6개 분량), 달걀 2개, 슈거파우더 165g, 옥수수 전분 65g, 버터 90g
- 머랭 달걀흰자 2개 분량, 슈거파우더 120g

파트 사블레 만들기
1 72페이지 레시피를 참고해 파트 사블레를 만들고 휴지시킨다.
2 오븐을 160℃(온도조절기 5~6)로 예열한다. 타르트 틀에 반죽을 평평하게 깔고 예열한 오븐에 24분간 굽는다.

레몬 크림 만들기
레몬즙을 취향에 따라 과육을 섞어 350㎖만큼 짠다. 거품기로 달걀, 슈거파우더, 옥수수 전분을 고루 섞어 혼합물을 만든다. 바닥이 두꺼운 냄비에 레몬즙을 한소끔 끓인 다음 준비해둔 혼합물을 넣고 거품기로 골고루 섞는다. 다시 한소끔 끓어오르면 줄기차게 저어가며 2분간 더 끓여서 크렘 파티시에르처럼 걸쭉한 크림을 만든다. 식으면 조각낸 버터를 넣고 핸드블렌더로 잘 섞어서 레몬 크림을 완성한다. 타르트 바닥에 레몬 크림을 골고루 펴 바르고 최소 2시간 이상 냉장고에 넣어둔다.

머랭 만들기
1 볼에 달걀흰자를 담아놓는다. 바닥이 두꺼운 작은 냄비에 물 2Ts과 슈거파우더를 넣어 121℃까지 팔팔 끓여 시럽을 만든다. 시럽 온도를 측정할 당과용 온도계가 없다면 시럽을 조금만 덜어 찬물에 떨어뜨린다. 이 시럽을 집어 손가락으로 굴려봤을 때 부드러운 공 모양으로 뭉쳐지면 적당한 온도다.
2 달걀흰자 거품을 50% 정도 올린 상태에서 팔팔 끓인 시럽을 조금씩 떨어뜨리며 계속 휘저어 새틴처럼 매끄럽고 윤이 나는 머랭을 만든다. 짤주머니나 실리콘 주걱을 이용해 타르트에 머랭을 보기 좋게 얹는다. 크렘 브륄레용 토치로 머랭 표면을 노릇하게 그슬린다. 아니면 오븐을 그릴 모드로 설정해 타르트를 넣은 다음 오븐 문을 반쯤 열어놓고 내부를 확인하며 몇 초만 불기를 쬐어도 같은 효과를 낼 수 있다.

Tarte Passion-framboises
패션프루트 라즈베리 타르트

6~8인분

준비: 20분(파트 사블레 만드는 시간은 제외) 가열: 24분 냉동 보관: 1시간
바닥이 분리되는 타르트 틀이나 타르트 링(지름 24cm) 1개
또는 1인용 타르틀레트 틀(지름 10cm) 8개

재료
- **파트 사블레** 버터 90g, 슈거파우더 20g, 아이싱슈거 35g, 소금 2꼬집, 아몬드 분말 20g, 달걀 1개, 밀가루 145g
- **패션프루트 크림** 패션프루트 퓌레(또는 패션프루트 6개 정도의 과즙과 과육) 110g, 레몬즙 1Ts, 달걀 3개, 슈거파우더 125g, 판 젤라틴 1½장, 버터 240g
- **광택(선택 사항)** 나파주 2Ts, 패션프루트 퓌레 1Ts
- **장식** 라즈베리 125g

파트 사블레 만들기
1 72페이지 레시피를 참고해 파트 사블레를 만들고 휴지시킨다.
2 오븐을 160℃(온도조절기 5~6)로 예열한다. 타르트 틀에 반죽을 평평하게 깔고 예열한 오븐에 24분간 굽는다.

Tip 패션프루트 씨를 적당히 말려서 나파주 위에 뿌려도 좋습니다.
패션프루트 퓌레는 생과일을 이용하는 것보다 경제적이며 인터넷 제과용품 쇼핑몰에서 구매할 수 있습니다.

패션프루트 크림 만들기
1 패션프루트를 생과일로 쓴다면 반으로 갈라 숟가락으로 속살을 긁어낸다. 고운 체에 밭쳐 씨를 걸러 과육과 과즙만 받아내 110g 분량을 맞춘다.
2 바닥이 두꺼운 냄비에 패션프루트 퓌레, 레몬즙, 달걀, 슈거파우더를 넣고 거품기로 잘 푼다. 약불에서 휘저으며 5분 정도 가열하다가 더는 끓어오르지 않고 걸쭉한 크림이 되면 불에서 내린다.
3 젤라틴을 찬물에 10분간 불려 물기를 닦아낸 다음 준비해둔 뜨거운 크림에 넣어 녹인다. 식으면 조각낸 버터를 넣고 핸드블렌더로 섞어 크림을 완성한다.
4 패션프루트 크림을 잘 식혀 타르트 바닥에 깐 다음 냉동실에 최소 1시간 이상 넣어둔다.

광택내기
표면에 윤기를 더하려면 나파주에 물과 패션프루트 퓌레를 섞어 한소끔 끓인 뒤에 식혀서 타르트에 끼얹어 솔로 골고루 펴 바른다. 마지막으로 라즈베리를 올려 장식한다.

Tarte aux poires et aux figues

서양배 무화과 타르트

6~8인분

준비: 20분(파트 사블레 만드는 시간은 제외) 가열: 30분
바닥이 분리되는 타르트 틀이나 타르트 링(지름 24cm) 1개
또는 1인용 타르틀레트 틀(지름 10cm) 8개

재료

- **파트 사블레**
  - 버터 90g
  - 슈거파우더 20g
  - 아이싱슈거 35g
  - 소금 2꼬집
  - 아몬드 분말 20g
  - 달걀 1개
  - 밀가루 145g
- **아몬드 피스타치오 크림**
  - 버터 100g
  - 달걀 2개
  - 슈거파우더 100g
  - 아몬드 분말 100g
  - 옥수수 전분 1Ts(스푼에 채운 뒤 평평하게 깎아서 계량)
  - 피스타치오 페이스트 10g
- **토핑**
  - 배 병조림 2등분 크기 400g
  - 무화과 250g
  - 나파주(선택 사항) 3Ts

파트 사블레 만들기

1 72페이지 레시피를 참고해 파트 사블레를 만들고 휴지시킨다.

2 오븐을 170℃(온도조절기 5~6)로 예열한다. 타르트 틀에 반죽을 평평하게 깐다.

아몬드 피스타치오 크림 만들기

스탠드믹서 볼에 버터, 달걀, 슈거파우더, 아몬드 분말을 넣고 휘핑해 크림처럼 부드럽게 푼다. 여기에 옥수수 전분, 피스타치오 페이스트를 차례대로 더해 가며 골고루 섞는다.

굽기

1 타르트 바닥에 완성한 아몬드 피스타치오 크림을 골고루 깐 다음 배와 무화과를 활짝 핀 꽃잎 모양으로 얹는다. 이때 배는 병조림 대신 껍질 벗긴 배를 4등분한 크기로 4개 준비해도 된다. 예열한 오븐에 30분간 굽는다.

2 기호에 따라 나파주를 물에 희석해 한소끔 끓인 뒤 충분히 식혀서 타르트 위에 바른다.

타르트 몽주

6~8인분

준비: 25분(파트 사블레 만드는 시간은 제외) 냉동 보관: 하룻밤
가열: 24분 냉장 보관: 3시간
바닥이 분리되는 타르트 틀이나 타르트 링(지름 24cm) 1개
또는 1인용 타르틀레트 틀(지름 10cm) 8개

재료
- 파트 사블레   버터 90g, 슈거파우더 20g, 아이싱슈거 35g, 소금 2꼬집, 아몬드 분말 20g, 달걀 1개, 밀가루 145g
- 과일 쿨리 디스크   베리류 400g, 슈거파우더 60g, 판 젤라틴 3장, 라즈베리 퓌레 80g
- 프로마주 블랑 크림   프로마주 블랑 200g, 아이싱슈거 60g, 키르슈 1Ts, 판 젤라틴 2장, 뜨거운 물 2Ts, 액상 생크림(유지방 36% 이상) 200ml

파트 사블레 준비하기(하루 전날)
72페이지 레시피를 참고해 파트 사블레를 만들고 휴지시킨다.

과일 쿨리 디스크 준비하기
1 생과일을 사용한다면 재빨리 물에 씻은 뒤 키친타월에 올려 물기를 꼼꼼히 제거한다. 단, 라즈베리나 블랙베리는 물에 씻지 않는다. 생과일 대신 냉동 과일도 가능하며 좋아하는 베리 종류를 섞어서 써도 좋다.
2 작은 냄비에 물 60ml와 슈거파우더를 넣고 약불에서 녹여 시럽을 만든다. 젤라틴을 찬물에 10분간 불려 물기를 닦아내고 시럽에 넣어 녹인다. 여기에 라즈베리 퓌레를 어우러지게 섞어 과일 쿨리를 완성한다.
3 타르트보다 약간 작은 크기의 실리콘 틀에 쿨리를 붓는다. 아니면 바닥이 분리되는 틀을 준비해 바닥과 옆면에 랩을 씌우고 쿨리를 붓는다. 그다음 쿨리에 베리를 얹어서 이튿날까지 냉동실에 보관한다.

굽기(당일)
오븐을 160℃(온도조절기 5~6)로 예열한다. 타르트 틀에 반죽을 평평하게 깔고 예열한 오븐에 24분간 굽는다.

프로마주 블랑 크림 만들기
믹싱볼에 프로마주 블랑, 아이싱슈거, 키르슈를 넣어 휘핑한다. 젤라틴을 찬물에 10분간 불려 물기를 닦아내고 뜨거운 물에 녹인다. 휘핑한 재료에 녹인 젤라틴을 조금씩 넣으며 힘차게 휘젓는다. 여기에 거품을 올린 생크림을 넣고 실리콘 주걱으로 골고루 뒤섞어 프로마주 블랑 크림을 완성한다.

합체하기
타르트 바닥에 프로마주 블랑 크림을 깐다. 틀에서 빼낸 쿨리 디스크를 프로마주 블랑 크림 위에 잘 얹는다. 크림이 알맞게 굳고 베리가 먹기 좋게 녹도록 타르트를 최소 3시간 이상 냉장고에 넣어둔다.

Tarte aux framboises façon sablé breton

라즈베리를 올린 사블레 브르통 타르트

6~8인분

준비: 25분 가열: 5분 + 15분 냉장 보관: 2시간
무스 링(지름 24cm) 1개 또는 정사각형 무스 틀(한 변 24cm) 1개

재료

- **크림** 슈거파우더 75g, 달걀노른자 2개 분량, 옥수수 전분 30g, 우유 300㎖, 판 젤라틴 4장, 뜨거운 물 2Ts, 버터 45g
- **사블레 브르통 반죽** 실온에서 말랑해진 버터 100g, 슈거파우더 90g, 밀가루 135g, 소금 ⅛ts, 베이킹파우더 7g, 달걀노른자 2개 분량
- **합체** 아주 차가운 상태의 액상 생크림(유지방 36% 이상) 150㎖, 라즈베리 250g, 꿀 1Ts

크림 만들기

1 볼에 슈거파우더와 달걀노른자를 넣고 뽀얀 크림 상태가 될 때까지 휘핑한다. 이번에는 옥수수 전분을 넣어 휘핑하다, 뜨겁게 데운 우유를 붓고 어우러지도록 줄기차게 휘젓는다. 이 혼합물을 냄비에 옮겨 담고 중불에서 5분 정도 저어 되직한 크림을 만든다.

2 젤라틴을 찬물에 10분간 불려 물기를 닦아내고 뜨거운 물에 녹인다. 준비해둔 크림에 녹인 젤라틴을 넣어 고루 섞은 다음 식힌다. 마지막으로 버터를 넣고 핸드블렌더로 섞어서 냉장고에 넣어둔다.

사블레 브르통 반죽 만들기

1 스탠드믹서 볼에 버터, 슈거파우더, 밀가루, 소금, 베이킹파우더를 넣고 저속으로 휘핑해 바슬바슬하게 만든다. 물론 손 반죽으로도 해도 좋다. 달걀노른자를 넣은 다음 신속하게 섞어서 반죽에 미치는 자극을 최대한 줄인다.

2 오븐을 170℃(온도조절기 5~6)로 예열한다. 무스 링이나 사각형 무스 틀 바닥에 반죽을 평평하게 깔고 예열한 오븐에 15분간 굽는다. 충분히 식힌 뒤에 틀에서 꺼낸다.

합체하기

생크림에 거품을 올려 크림(크렘 파티시에르)에 넣고 실리콘 주걱으로 골고루 섞는다. 이것을 사블레 브르통 타르트에 깔고 라즈베리를 보기 좋게 얹는다. 꿀을 살짝 뿌려 마무리한다. 냉장고에 최소 2시간 이상 넣어둔다.

Tarte Tatin
타르트 타탕

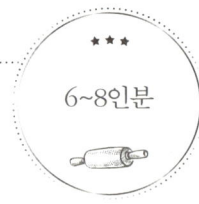

6~8인분

준비: 20분(파트 푀유테 만드는 시간은 제외) 가열: 45분
타르트 틀(지름 24cm) 1개

재료
- **기본** 사과 중간 크기 10~12개, 슈거파우더 300g
- **반죽** 직접 만든 파트 푀유테(또는 시판 생지) 300g

타르트 타탕 만들기

1 사과를 깎아 이등분하고 씨 부분을 도려낸다.

2 오븐을 175℃(온도조절기 5~6)로 예열한다. 바닥이 두꺼운 냄비에 슈거파우더와 물 4Ts을 넣고 끓이다가 투명한 적갈색을 띠는 캐러멜이 되면 타르트 틀에 붓는다. 그 위에 깎은 사과를 촘촘히 깐다.

3 반죽을 밀어서 틀보다 약간 큰 동그라미 꼴을 만든 다음 사과가 충분히 덮이도록 가장자리까지 씌운다. 예열한 오븐에 45분간 굽는다.

4 타르트를 틀에서 바로 빼지 말고 15분간 식힌 다음 타르트 표면이 접시와 맞닿게 뒤엎어서 담는다.

Tip 열을 가해도 맛이 좋은 사과 품종을 구해서 사용하세요.

파트 푀유테(퍼프 페이스트리 반죽) 만드는 법은 144페이지 레시피를 참고하세요.

Tarte crumble aux griottes
체리 크럼블 타르트

6~8인분

준비: 20분(파트 사블레 만드는 시간은 제외) 가열: 30분
타르트 틀이나 케이크 틀(지름 26cm) 1개 또는 1인용 타르틀레트 틀(지름 10cm) 8개

재료
- **기본** 냉동 체리 700g
- **파트 사블레** 버터 100g, 슈거파우더 20g, 아이싱슈거 40g, 소금 2꼬집, 아몬드 분말 20g, 달걀 1개, 밀가루 165g
- **아몬드 크림** 버터 50g, 슈거파우더 50g, 달걀 1개, 아몬드 분말 50g, 옥수수 전분(또는 커스터드파우더) ½Ts, 피스타치오 페이스트 10g
- **크럼블** 아몬드 분말 130g, 슈거파우더 90g, 아몬드 크림 1Ts

파트 사블레 만들기
1 72페이지 레시피를 참고해 파트 사블레를 만들고 휴지시킨다.
2 오븐을 180℃(온도조절기 6)로 예열한다. 타르트 틀에 반죽을 평평하게 깐다.

아몬드 크림 만들기
스탠드믹서 볼에 버터와 슈거파우더를 넣고 휘핑해 크림처럼 부드럽게 푼다. 여기에 달걀, 아몬드 분말, 옥수수 전분, 피스타치오 페이스트를 순서대로 넣어가며 고루 섞으면 아몬드 크림이 된다.

크럼블 만들기
1 믹싱볼에 아몬드 분말, 슈거파우더, 아몬드 크림을 넣고 손을 비비듯 뒤섞어서 거친 모래처럼 만든다. 이때 '아몬드 크림'은 만들어둔 분량에서 덜어서 사용한다.
2 타르트 반죽에 아몬드 크림, 체리, 크럼블을 층층이 올린 다음 예열한 오븐에 30분간 굽는다.

응용: 사과 크럼블 타르트
아몬드 크림에 들어간 피스타치오 페이스트를 대신해 럼 2ts을 넣고, 체리 대신에 사과 6~7개를 써보세요.

Tarte au caramel et au chocolat au lait
캐러멜 밀크 초콜릿 타르트

6~8인분

준비: 25분(파트 사블레 만드는 시간은 제외) 가열: 24분
냉동 보관: 1시간 냉장 보관: 하룻밤
바닥이 분리되는 타르트 틀이나 타르트 링(지름 20㎝) 1개
또는 1인용 타르틀레트 틀(지름 10㎝) 8개

재료
- 파트 사블레   버터 90g, 슈거파우더 20g, 아이싱슈거 35g, 소금 2꼬집, 아몬드 분말 20g, 달걀 1개, 밀가루 145g
- 캐러멜   슈거파우더 60g+제과용 포도당 60g(또는 슈거파우더 120g), 액상 생크림(유지방 36% 이상) 60㎖, 굵은소금 ¼ts, 버터 25g
- 초콜릿 가나슈   밀크커버추어초콜릿 버튼 타입(또는 칼로 거칠게 다진 것) 150g, 액상 생크림(유지방 36% 이상) 250㎖

파트 사블레 준비하기(하루 전날)
1 72페이지 레시피를 참고해 파트 사블레를 만들고 휴지시킨다.
2 오븐을 160℃(온도조절기 5~6)로 예열한다. 타르트 틀에 반죽을 평평하게 깔고 예열한 오븐에 24분간 굽는다.

캐러멜 준비하기
1 바닥이 두꺼운 냄비에 물 2Ts, 슈거파우더, 포도당을 넣고 약불에서 녹여 시럽을 만든 다음 170℃까지 끓인다. 이렇게 하면 적갈색을 띤 캐러멜이 된다.
2 불에서 내려 생크림, 소금, 버터를 섞는다. 이때 내용물이 튈 수 있으니 조심한다.
3 다시 불에 올려 약불에서 2~3분간 휘저어 105℃가 될 때까지 뭉근하게 졸이면 캐러멜이 된다. 이 캐러멜을 잘 식혀서 타르트 바닥에 깐 다음 냉동실에 최소 1시간 이상 넣어둔다.

초콜릿 가나슈 준비하기
1 믹싱볼에 커버추어초콜릿를 담아놓는다. 생크림을 바닥이 두꺼운 냄비에 뜨겁게 데워서 초콜릿을 담아놓은 믹싱볼에 붓는다. 몇 분간 휴지시킨 다음 윤기가 흐르게 고루 섞는다.
2 충분히 식혀서 캐러멜이 굳은 타르트에 붓고 표면을 매끈하게 정리한다. 이튿날까지 냉장고에 넣어둔다.

Tip 작은 주사위 모양으로 자른 캐러멜을 타르트에 올려 장식해도 좋습니다.

Tarte au café et au chocolat
커피 초콜릿 타르트

★★★
6~8인분

준비: 20분 가열: 24분+30분 냉장 보관: 3시간
바닥이 분리되는 타르트 틀이나 타르트 링(지름 20㎝) 1개
또는 정사각형 무스 틀(한 변 18㎝) 1개 또는 1인용 타르틀레트 틀(지름 10㎝) 8개

재료
- 파트 사블레   버터 90g, 슈거파우더 20g, 아이싱슈거 35g, 소금 2꼬집, 아몬드 분말 20g, 달걀 1개, 밀가루 145g
- 커피 소스   액상 생크림(유지방 36% 이상) 250㎖, 버터 50g, 인스턴트 커피 1Ts, 슈거파우더 50g, 달걀 2개, 달걀노른자 2개 분량, 옥수수 전분 15g
- 초콜릿 가나슈   다크커버추어초콜릿 버튼 타입(또는 칼로 거칠게 다진 것) 160g, 액상 생크림(유지방 36% 이상) 200㎖, 버터 35g, 슈거파우더 35g

파트 사블레 만들기
1 72페이지 레시피를 참고해 파트 사블레를 만들고 휴지시킨다.
2 오븐을 160℃(온도조절기 5~6)로 예열한다. 타르트 틀에 반죽을 평평하게 깐 다음 누름돌을 올리고 예열한 오븐에 24분간 굽는다.

커피 소스 만들기
바닥이 두꺼운 냄비에 생크림, 버터, 인스턴트 커피, 슈거파우더를 넣고 뜨겁게 데워 혼합물을 만든다. 믹싱볼에 달걀, 달걀노른자, 옥수수 전분을 넣어 휘평한다. 여기에 준비해둔 혼합물을 넣고 고루 섞어서 커피 소스를 완성한다.

굽기
타르트 바닥에 커피 소스를 골고루 깐다. 오븐 온도를 180℃(온도조절기 6)로 올려 타르트를 30분간 구운 다음 오븐에서 꺼내 식힌다.

초콜릿 가나슈 만들기
1 믹싱볼에 초콜릿을 담는다. 바닥이 두꺼운 냄비에 생크림, 버터, 슈거파우더를 넣고 뜨겁게 데워서 초콜릿에 붓는다. 몇 분간 휴지시켰다가 섞어서 윤기 도는 가나슈를 만든다. 커피 소스 위에 가나슈를 붓고 표면을 매끈하게 정리한다.
2 냉장고에 최소 3시간 이상 넣어둔다.

Tip 타르트에 커피빈 초콜릿(커피 원두에 초콜릿을 코팅한 것)을 올려 장식해보세요.

La fameuse pâte à choux
황홀한 맛, 파트 아 슈

• 단계별 레시피 •

Pâte à choux
파트 아 슈

슈(큰 사이즈)
12개*

＊또는 에클레르 12개,
파리 브레스트 8개, 를리지외즈 18개

준비: 15분 가열: 각 레시피에 제시된 시간

재료
• **기본 반죽** 우유 80㎖, 슈거파우더 1ts, 버터 120g, 소금 ½ts, 체에 내린 밀가루 160g, 달걀 3개

반죽하기
1 바닥이 두꺼운 냄비에 물 80㎖와 분량의 우유, 슈거파우더, 버터, 소금을 넣고① 나무 주걱으로 고루 섞는다.②

2 한소끔 끓이고 체에 내린 밀가루를 넣는다.③

3 약불에서 나무 주걱으로 뒤섞으며 수분을 날려 반죽을 냄비 표면에서 분리한다.④

4 불에서 내려 한 김 식히고 달걀 1개를 넣어 나무 주걱으로 살살 섞는다.⑤

5 남은 달걀 2개를 1개씩 넣으며 힘차게 뒤섞으면 슈 반죽이 완성된다.⑥ 반죽하기 과정에서 ⑤와 ⑥은 스탠드믹서(반죽기)로도 할 수 있다.

준비하기
1 오븐을 180℃(온도조절기 6)로 예열한다.

2 오븐 팬에 유산지를 깔아놓고, 실리콘 주걱으로 반죽을 떠서 짤주머니에 넣는다.

슈 만들기
지름 6㎝ 정도의 양배추 모양으로 반죽을 짠다. 손목으로 원을 그리며 짤주머니에 힘을 줘서 슈 반죽을 짜다가 단숨에 들어 올려 끝을 마무리한다.⑦

에클레르 만들기
길이 10㎝ 정도의 작은 막대 모양으로 슈 반죽을 짠다.⑧

파리 브레스트 만들기
1 지름 10㎝ 정도의 동그란 왕관 모양으로 슈 반죽을 짠다.⑨

2 반죽 위에 아몬드 슬라이스를 뿌린다.⑩

슈케트 만들기
1 지름 3~4㎝ 정도의 방울양배추 모양으로 슈 반죽을 짠다.⑪

2 반죽 위에 펄슈거를 뿌린다.⑫

생토노레 만들기
1 파트 푀유테에 원형 무스 틀을 얹어서 꽉 누르거나 원형 접시를 엎어서 원반 형태로 자른다.⑬

2 원반 둘레를 따라가며 슈 반죽을 짠다.⑭

3 나머지 반죽을 방울양배추 모양으로 짠다.

Tip 파트 푀유테(퍼프 페이스트리) 만드는 방법은 144페이지 레시피를 참고하세요.

• 단계별 레시피 •

Pâte à choux

파트 아 슈

슈케트

48~60개

준비: 15분 가열: 25분

재료

•슈 반죽
우유 200㎖
슈거파우더 1Ts
버터 175g
소금 ½ts
체에 내린 밀가루 230g
고지방크림(유지방 48% 이상) 80g(또는 4Ts)
달걀 6개

•토핑
펄슈거 100g

슈 반죽하기

1 바닥이 두꺼운 냄비에 물 220㎖와 분량의 우유, 슈거파우더, 버터, 소금을 넣는다. 이 재료들을 한소끔 끓이고 체에 내린 밀가루도 넣는다. 약불에서 나무 주걱으로 뒤섞어 가며 수분을 날려 반죽을 냄비 표면에서 분리한다.

2 불에서 내려 한 김 식히고 고지방크림을 부어 고루 섞는다. 달걀 1개를 넣어 나무 주걱으로 고루 섞은 다음, 남은 달걀을 1개씩 넣어가며 힘차게 뒤섞으면 슈 반죽이 완성된다. 슈케트 반죽은 파트 아 슈 레시피에 고지방 크림만 추가한 것이다.

굽기

1 오븐을 200℃(온도조절기 6~7)로 예열하고, 오븐팬에 유산지를 깐다. 짤주머니에 지름 8㎜의 원형 또는 별모양 깍지를 끼워 실리콘 주걱으로 슈 반죽을 채운다. 그다음 반죽을 짜서 지름 3~4㎝ 정도의 방울양배추 모양을 만든다. 손목으로 원을 그리며 짤주머니에 힘을 줘서 반죽을 짜내다가 단숨에 들어 올려 끝을 깔끔하게 마무리한다.

2 펄슈거(우박설탕)를 뿌리고 예열한 오븐에 25분간 굽는다.

파리 브레스트

Paris-brest

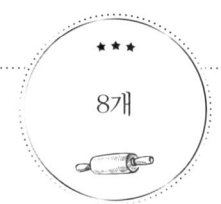

★★★
8개

준비: 30분(파트 아 슈 만드는 시간은 제외, 이틀에 걸쳐 만들기)
냉장 보관: 하룻밤+3시간 가열: 5분+30분

재료

- **파트 아 슈** 우유 80㎖, 슈거파우더 1ts, 버터 120g, 소금 ½ts, 체에 내린 밀가루 160g, 달걀 3개, 아몬드 슬라이스 30g
- **크렘 프랄리네** 슈거파우더 60g, 달걀노른자 3개, 옥수수 전분 30g, 우유 300㎖, 액상 생크림(유지방 36% 이상) 50㎖, 판 젤라틴 3½장, 뜨거운 물 3Ts, 프랄린 페이스트 170g, 실온에서 말랑해진 버터 140g
- **샹티이 크림** 액상 생크림(유지방 36% 이상) 200㎖, 아이싱슈거 20g

크렘 프랄리네 준비하기(하루 전날)

볼에 슈거파우더, 달걀노른자를 넣고 뽀얀 크림 상태가 될 때까지 휘핑한 다음 옥수수 전분을 넣고 한 번 더 휘핑한다. 뜨겁게 데운 우유와 생크림을 붓고 뭉치지 않게 휘저어 골고루 섞는다. 냄비에 옮겨 담고 중불에서 5분 정도 줄기차게 휘저어 되직한 크림을 완성한다. 젤라틴을 찬물에 10분간 불려 물기를 닦아내고 뜨거운 물에 녹인다. 준비해둔 크림에 녹인 젤라틴과 프랄린 페이스트를 넣어 고루 섞는다. 잘 식혀서 버터를 넣고 핸드블렌더로 섞은 다음 냉장고에 하룻밤 재운다.

파트 아 슈 만들기(당일)

116페이지 레시피를 참고해 슈 반죽을 만든다.

샹티이 크림 만들기

생크림에 아이싱슈거를 조금씩 나눠 넣으며 휘핑해 샹티이 크림을 완성한다. 파리 브레스트는 샹티이 크림을 넣지 않고도 만들 수 있다. 124페이지 사진을 참고한다.

합체하기

1 슈 반죽을 지름 10㎝ 정도의 왕관 모양으로 짜 8개를 만든다. 반죽 위에 아몬드 슬라이스를 뿌려서 오븐에 30분간 굽는다. 식혀서 수평으로 이등분한다. 준비해둔 크렘 프랄리네를 믹서에 넣고 몇 분간 저속으로 돌려 부피를 팽창시킨 다음 짤주머니에 넣는다. 이등분한 왕관의 아래쪽에 크렘 프랄리네를 짜 올린다.

2 크렘 프랄리네 위에 샹티이 크림을 짜 올리고 왕관 위쪽을 덮는다. 완성된 파리 브레스트를 최소 3시간 이상 냉장고에 넣어둔다.

응용: 큰 사이즈 파리 브레스트

이 레시피로 8~10명이 나눠 먹을 수 있는 큰 사이즈의 파리 브레스트를 만들어보세요.

1 슈 반죽을 짜서 첫 번째 원을 그려놓고 그 안쪽에 밀착해서 두 번째 원을 그려요. 두 원 사이의 패인 홈에 세 번째 원을 짜 올려서 타이어 모양을 만드세요.

2 슈(지름 6㎝ 양배추 모양) 8개를 양 끝이 맞물리게 이어 붙여 큰 고리 모양을 만드세요.

Éclairs à la fraise ou pistache-framboises
딸기·피스타치오 라즈베리 에클레르

12개

준비: 30분(파트 아 슈 만드는 시간은 제외)
가열: 5분+25분 냉장 보관: 4시간

재료
- 파트 아 슈   우유 80㎖, 슈거파우더 1ts, 버터 120g, 소금 ½ts, 체에 내린 밀가루 160g, 달걀 3개
- 딸기 크림   슈거파우더 100g, 달걀노른자 5개, 밀가루 20g, 옥수수 전분 15g, 액상 생크림(유지방 36% 이상) 200㎖,
  딸기 퓌레 290g, 판 젤라틴 1장, 뜨거운 물 2Ts, 천연 딸기향, 실온에서 말랑해진 버터 145g
- 딸기 글라사주   화이트초콜릿 버튼 타입(또는 칼로 거칠게 다진 것) 50g, 가당 연유 1Ts, 버터 20g, 판 젤라틴 1½장,
  뜨거운 물 2Ts, 슈거파우더 35g+포도당 35g(또는 슈거파우더 70g),
  붉은색 식용색소 분말을 칼끝으로 1번 찍은 분량
- 토핑   딸기 400g

딸기 크림 만들기

1 볼에 슈거파우더와 달걀노른자를 넣고 뽀얀 크림 상태가 될 때까지 휘핑한다. 밀가루와 옥수수 전분을 넣고 한 번 더 휘핑해 혼합물을 준비한다. 생크림과 딸기 퓌레를 섞어 뜨겁게 데운 다음 혼합물에 붓고 뭉치지 않게 휘저어 고루 섞는다. 냄비로 옮겨 중불에서 5분 정도 줄기차게 휘저어 되직한 크림을 만든다.

2 젤라틴은 찬물에 10분간 불려 물기를 닦아내고 뜨거운 물에 녹인다. 되직한 크림에 녹인 젤라틴과 딸기향을 섞는다. 딸기향은 제품마다 향의 강도가 다르므로 적당량을 조절해서 넣는다. 잘 식혀서 버터를 넣고 핸드블렌더로 골고루 섞는다. 냉장고에 최소 3시간 이상 넣어둔다.

Éclairs à la fraise ou pistache-framboises
딸기·피스타치오 라즈베리 에클레르

파트 아 슈 만들기
1. 116페이지 레시피를 참고해 슈 반죽을 만든다.
2. 예열한 오븐에 25분간 굽는다.

딸기 글라사주 만들기
1. 믹싱볼에 초콜릿, 연유, 버터를 담는다. 젤라틴을 찬물에 10분간 불려 뜨거운 물에 녹인다. 작은 냄비에 물 1Ts, 슈거파우더와 식용색소 섞은 것, 포도당을 넣고 110℃까지 끓인 뒤 불에서 내린다. 여기에 녹인 젤라틴을 섞은 뒤 믹싱볼(초콜릿·연유·버터)에 붓는다. 이 혼합물들을 잘 섞어서 윤기가 흐르는 글라사주를 완성한다.
2. 글라사주가 담긴 믹싱볼을 작업대에 놓는다. 에클레르를 길게 세워서 들고 소형 팔레트(스패튤라)로 글라사주를 넉넉히 바른다. 여분이 다 흘러내리고 나면 손가락으로 끄트머리를 깔끔하게 훑어내고 플레이트에 올린다. 글라사주가 알맞게 굳도록 냉장고에 최소 1시간 이상 넣어둔다.

합체하기
1. 딸기는 흐르는 물에 재빨리 씻어서 키친타월에 올려 물기를 닦아낸다.
2. 에클레르를 수평으로 이등분한다. 짤주머니에 지름 8mm 별모양 깍지를 끼우고 딸기 크림을 넣어서 에클레르 아래쪽 단면에 짜놓는다. 딸기 꼭지를 따고 세로로 잘라 딸기 크림 위에 비늘 모양으로 올린다. 에클레르 위쪽을 살짝 덮어 마무리한다. 냉장고에 보관했다가 먹는다.

응용: 피스타치오 라즈베리 에클레르
에클레르를 수평으로 이등분해서 평평한 면이 위로 향하게 눕혀놓습니다. 라즈베리 쿨리, 피스타치오 크렘 파티시에르 순서로 층층이 바르고 라즈베리를 보기 좋게 올려 장식합니다. 피스타치오 크렘 파티시에르는 204페이지 '마카로나드' 레시피를 참고하세요.

패션프루트 를리지외즈

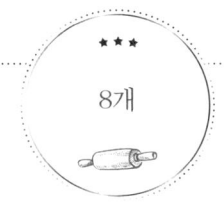

8개

준비: 30분(파트 아 슈 만드는 시간은 제외)
가열: 5분 + 25분 냉장 보관: 1시간

재료

- **파트 아 슈** 우유 80㎖, 슈거파우더 1ts, 버터 120g, 소금 ½ts, 체에 내린 밀가루 160g, 달걀 3개
- **패션프루트 크림** 슈거파우더 55g, 달걀노른자 2개 분량, 옥수수 전분 30g, 우유 300㎖, 패션프루트 퓌레 275g, 버터 30g
- **글라사주** 액상 생크림(유지방 36% 이상) 80㎖, 슈거파우더 90g, 화이트커버추어초콜릿 버튼 타입(또는 칼로 거칠게 다진 것) 40g, 판 젤라틴 1½장, 뜨거운 물 2Ts, 오렌지색 식용색소 분말을 칼끝으로 1번 찍은 분량

패션프루트 크림 만들기

1 볼에 슈거파우더와 달걀노른자를 넣고 뽀얀 크림이 될 때까지 휘핑한 다음 옥수수 전분을 넣고 한 번 더 휘핑해 혼합물을 만든다.
2 우유와 패션프루트 퓌레를 섞어서 뜨겁게 데운다. 패션프루트 퓌레 대신에 생과일 패션프루트 12~14개의 과즙과 과육을 섞어 275g를 준비해도 된다.
3 이것을 준비해둔 혼합물에 붓고 뭉치지 않게 휘저어 골고루 섞은 다음 냄비로 옮겨 중불에서 5분 정도 줄기차게 휘저어 되직한 크림을 만든다. 이 크림에 버터를 섞어서 냉장고에 넣어둔다.

파트 아 슈 만들기

1 116페이지 레시피를 참고해 슈 반죽을 만든다.
2 먼저 오븐 팬을 2개 준비한다. 한쪽 팬에는 지름 6~7cm의 큰 슈를 12개 짜놓고, 다른 쪽 팬에는 지름 3~4cm의 작은 슈를 12개 짜놓는다. 작은 슈는 오븐에서 15분 굽다 꺼내고, 큰 슈는 10분 더 구워서 총 25분 굽는다. 짤주머니에 슈 깍지를 끼운 다음 패션프루트 크림을 넣어서 슈에 짜 넣는다.

글라사주 만들기

1 볼에 화이트초콜릿을 담아놓는다. 물 5Ts과 분량의 생크림, 슈거파우더를 뜨겁게 데워서 화이트초콜릿에 붓는다. 잠시 휴지시킨 뒤 윤이 나게 고루 섞어서 혼합물을 만든다. 젤라틴을 찬물에 10분간 불려 물기를 닦아내고 뜨거운 물에 녹인다. 혼합물에 녹인 젤라틴과 식용색소를 넣는다. 이것을 핸드블렌더로 고루 섞어 충분히 식히면 글라사주가 완성된다.
2 글라사주가 담긴 볼을 작업대에 놓는다. 큰 슈를 시계 방향으로 90도 회전해서 들고 소형 팔레트(스패튤라)로 슈 윗면에 글라사주를 넉넉히 바른다. 여분이 다 흘러내리고 나면 손가락으로 끄트머리를 깔끔하게 훑어내고 플레이트에 올린다. 작은 슈에도 글라사주를 발라서 큰 슈에 붙인다. 마지막으로 글라사주가 알맞게 굳도록 냉장고에 최소 1시간 이상 넣어둔다.

Tip 전통식으로 장식하려면 버터 크림을 2개의 슈를 이어준다는 느낌으로 둘레를 돌아가며 크림을 짭니다. 패션프루트 과육을 조그맣게 썰어서 맨 위에 올려도 좋습니다. 버터 크림은 164페이지 '오페라' 레시피에서 커피만 제외한 뒤 참고하세요.

Éclairs au café ou au chocolat
커피·초콜릿 에클레르

12개

준비: 30분 (파트 아 슈 만드는 시간은 제외)
가열: 5분+25분 냉장 보관: 4시간

재료

- **파트 아 슈** 우유 80㎖, 슈거파우더 1ts, 버터 120g, 소금 ½ts, 체에 내린 밀가루 160g, 달걀 3개
- **초콜릿 크림** 슈거파우더 65g, 달걀노른자 3개 분량, 옥수수 전분 1Ts, 우유 250㎖, 액상 생크림(유지방 36% 이상) 150㎖, 다크커버추어초콜릿 버튼 타입(또는 칼로 거칠게 다진 것) 160g
- **커피 크림** 슈거파우더 65g, 달걀노른자 3개 분량, 옥수수 전분 1Ts, 우유 250㎖, 액상 생크림(유지방 36% 이상) 150㎖, 커피 페이스트 20g, 판 젤라틴 1장, 뜨거운 물 1Ts, 실온에서 말랑해진 버터 110g
- **초콜릿 글라사주** 다크커버추어초콜릿 버튼 타입(또는 칼로 거칠게 다진 것) 50g, 가당연유 1Ts, 버터 20g, 판 젤라틴 1½장, 뜨거운 물 2Ts, 슈거파우더 35g+포도당 35g(또는 슈거파우더 70g)
- **커피 글라사주** 화이트커버추어초콜릿 버튼 타입(또는 칼로 거칠게 다진 것) 50g, 가당연유 1Ts, 버터 20g, 판 젤라틴 1½장, 뜨거운 물 2Ts, 슈거파우더 35g+포도당 35g(또는 슈거파우더 70g), 커피향 1ts

초콜릿 크림 만들기

1 볼에 슈거파우더와 달걀노른자를 넣고 뽀얀 크림이 될 때까지 휘핑한다. 옥수수 전분을 넣고 한 번 더 휘핑한다. 여기에 뜨겁게 데운 우유와 생크림을 붓고 뭉치지 않게 휘저어 고루 섞는다.

2 이 혼합물을 냄비로 옮겨 중불에서 5분 정도 줄기차게 휘저어 되직한 크림을 만든다. 이 크림에 초콜릿을 넣고 식혀서 핸드블렌더로 섞은 다음 냉장고에 최소 3시간 이상 넣어둔다.

Éclairs au café ou au chocolat
커피·초콜릿 에클레르

파트 아 슈 만들기
1 116페이지 레시피를 참고해 에클레르용 슈 반죽을 만들어 오븐 팬에 짠다.
2 예열한 오븐에 25분간 굽는다.

커피 크림 만들기
1 초콜릿 크림 만드는 법과 같다.
2 단, 재료에서 초콜릿을 빼고 이렇게 준비한다. 젤라틴을 찬물에 10분간 불려 물기를 닦아내고 뜨거운 물에 녹인다. 뜨겁게 데운 크림에 녹인 젤라틴과 커피 페이스트를 넣고 고루 섞는다. 잘 식혀서 버터를 넣고 핸드블렌더로 섞는다. 완성한 커피 크림을 냉장고에 최소 3시간 이상 넣어둔다.
3 초콜릿 크림과 커피 크림 중에서 하나를 취향대로 골라 짤주머니에 채워 넣는다. 깍지로 에클레르 밑부분에 구멍을 2개 뚫은 다음 크림을 짜 넣는다.

커피 글라사주 만들기
1 믹싱볼에 초콜릿, 가당연유, 커피향(커피 에클레르를 만들 때 필요), 버터를 순서대로 넣고 골고루 섞는다. 젤라틴을 찬물에 10분간 불려 물기를 닦아내고 뜨거운 물에 녹인다. 작은 냄비에 뜨거운 물 1Ts과 분량의 슈거파우더, 포도당을 넣고 110℃까지 팔팔 끓인 후 불에서 내린다. 여기에 녹인 젤라틴을 섞은 다음 준비해둔 혼합물에 붓는다. 골고루 섞어서 윤이 나는 글라사주를 완성한다.
2 글라사주가 담긴 볼을 작업대에 놓는다. 에클레르를 길게 세워서 들고 소형 팔레트(스패튤라)로 에클레르 표면에 글라사주를 넉넉히 바른다. 여분이 다 흘러내리고 나면 손가락으로 끄트머리를 깔끔하게 훑어내고 플레이트에 올린다. 글라사주가 알맞게 굳도록 냉장고에 최소 1시간 이상 넣어둔다.

Tip 커피 페이스트 대신에 인스턴트 커피 15g, 설탕 1ts, 끓는 물 1ts을 섞어도 좋습니다. 커피향 대신에 인스턴트 커피와 물을 1:1 비율로 섞는 방법도 있습니다. 커피 페이스트는 인터넷이나 제과용품 전문점에서 구매할 수 있습니다.

• 단계별 레시피 •

Saint-honoré
생토노레

6~8인분

준비: 35분(파트 퓌유테 만드는 시간은 제외) 가열: 35분

재료

- **기본 반죽** 직접 만든 파트 퓌유테(또는 시판 생지) 300g
- **파트 아 슈** 우유 80㎖, 슈거파우더 1ts, 버터 120g, 소금 ½ts, 체에 내린 밀가루 160g, 달걀 3개
- **크렘 파티시에르** 슈거파우더 75g, 달걀노른자 2개, 옥수수 전분 30g, 우유 300㎖, 바닐라빈 1줄기, 버터 45g
- **캐러멜** 슈거파우더 150g
- **샹티이 크림** 액상 생크림(유지방 36% 이상) 200㎖, 아이싱슈거 20g, 바닐라 ½줄기

크렘 파티시에르 만들기

148페이지 레시피를 참고해 준비한다.

파트 아 슈 만들기

1 116페이지 레시피를 참고해 슈 반죽을 만든다.
2 파트 퓌유테 반죽을 3㎜ 두께로 밀어 지름 22㎝ 원반 모양으로 만든다. 오븐 팬에 유산지를 깔고 원반 시트를 얹는다. 그 사이에 오븐을 180℃(온도조절기 6)로 예열해둔다. 시트 위에 달팽이 껍데기 모양으로 중심에서 바깥쪽으로 돌아가며 슈 반죽을 짠다.
3 오븐 팬을 하나 더 준비해서 나머지 반죽으로 지름 3~4㎝의 슈(방울양배추 모양)를 20개쯤 짜놓는다. 원반 시트는 35분간 굽고 슈는 15분간 굽는다.

준비하기

1 필요한 재료와 도구를 준비한다. ①
2 지름 6㎜ 원형 깍지로 슈 밑바닥에 구멍을 뚫는다. ②
3 짤주머니에 크렘 파티시에르를 채운 다음 슈 구멍에 하나하나 짜 넣는다. ③

캐러멜 만들기

1 바닥이 두꺼운 냄비에 물 50㎖와 슈거파우더를 붓고 센 불에 가열한다. 틈틈이 냄비를 흔든다. ④
2 투명한 적갈색을 띤 캐러멜이 만들어지면 볼에 찬물을 채워 냄비 바닥만 담근다. 이렇게 해야 캐러멜이 타지 않고 빨리 식는다. ⑤
3 식힌 캐러멜에 슈 윗부분을 살짝 담가서 적당량을 묻힌 다음 유산지에 뒤집어놓는다. ⑥
4 슈 윗부분이 식으면 슈 아랫부분에도 캐러멜을 적당량 묻혀서 원반 시트 둘레에 붙인다. ⑦~⑨

샹티이 크림 만들기

1 바닐라빈 줄기를 갈라 씨를 긁어낸다. 생크림에 아이싱슈거와 바닐라 씨를 넣고 거품을 올려 샹티이 크림을 완성한다. ⑩
2 짤주머니에 큼지막한 원형 깍지를 끼우거나 가능하면 '생토노레 전용 깍지'를 끼우고, 샹티이 크림을 보기 좋게 채워 넣는다. 원반 시트 둘레 안쪽에 산 모양으로 샹티이 크림을 촘촘히 짜 올린다. ⑪
3 샹티이 크림 위에도 슈를 3개쯤 얹어서 장식한다.

• 단계별 레시피 •

Saint-honoré

생토노레

Les incontournables
디저트의 꽃

• 단계별 레시피 •

Pâte feuilletée
파트 푀유테

1.2kg 분량

준비: 30분 휴지: 6시간

재료
• 반죽 밀가루 530g, 소금 2ts, 실온에서 말랑해진 버터 50g+차가운 상태의 버터 380g

데트랑프 만들기

1 파트 푀유테를 만드는 데 필요한 재료와 도구이다.①
2 스탠드믹서 볼에 밀가루, 소금, 실온에서 말랑해진 버터, 물 200㎖를 순서대로 넣어 반죽한다.②~⑤ 손 반죽을 해도 상관없다. 단, 소금은 스푼에 채운 뒤 평평하게 깎아서 계량해 사용한다.
3 재료가 골고루 섞이도록 저속으로 반죽한다.⑥
4 반죽을 한 덩어리로 뭉쳐 냉장고에 2시간 넣어둔다.⑦ 이렇게 완성한 밑반죽을 데트랑프라고 한다.

Tip 반죽을 필요한 크기로 등분해서 사용해보세요. 400g짜리 3개를 만들어도 되고, 300g짜리 4개를 만들어도 됩니다. 냉동 보관용 지퍼백에 넣어 얼려뒀다가 냉장고에서 24시간 정도 해동해서 사용하세요.

파트 푀유테 만들기

1 냉장고에서 차가운 버터를 꺼내 유산지에 끼워 넣고 한 변이 22㎝ 정도 되는 정사각형으로 두께를 균일하게 민다.⑧~⑨
2 작업대에 밀가루를 뿌린 다음 데트랑프를 밀어서 50㎝×25㎝ 네모꼴을 만든다.⑩
3 네모꼴 데트랑프 반죽 위에 밀어놓은 버터를 올린 다음⑪ 반으로 접는다.⑫
4 가장자리 이음 부위를 손가락으로 꼭꼭 눌러 봉합한다.⑬ 이 반죽을 높이가 폭의 3배가 되게 늘린다.⑭
5 반죽 아랫변을 높이의 중간 지점까지 접어 올린다.⑮
6 윗변을 높이의 중간 지점까지 접어 내린다.⑯
7 반으로 접은 다음⑰ 이 반죽을 랩으로 싼다.
8 반죽 윗면에 손도장을 찍어 '1회차 접기'라고 표시하고⑱ 냉장고에 2시간 정도 넣어둔다.
9 냉장고에서 '1회차 접기' 반죽을 꺼내 ⑭~⑰ 과정을 반복한다. 이번에는 손도장 2개를 찍어 '2회차 접기'라고 표시하고 냉장고에 2시간 정도 넣어둔다.
10 냉장고에서 '2회차 접기' 반죽을 꺼내 ⑭~⑰ 과정을 한 번 더 반복한다. 각각의 레시피에 맞춰 반죽을 자르고 밀어서 사용하거나 냉장고에 넣어둔다. 이 반죽의 냉장 보관 기간은 4~5일까지다.

• 단계별 레시피 •

Pâte feuilletée
파트 푀유테

• 단계별 레시피 •

Créme pâtissiére
크렘 파티시에르

★★★
1ℓ 분량

준비: 5분 가열: 5분

재료

• 반죽

달걀노른자 4개 분량
슈거파우더 150g
옥수수 전분 60g
전지 우유(가급적 차가운 우유) 600㎖

기본 레시피 만들기

1 크렘 파티시에르(커스터드 크림)를 만드는 데 필요한 재료를 준비한다. ①

2 볼에 달걀노른자와 슈거파우더를 넣고 뽀얀 크림이 될 때까지 휘핑한다. ②~④

3 옥수수 전분을 넣고 한 번 더 휘핑해 혼합물을 만든다. ⑤~⑥ 여기에다 뜨겁게 데운 우유를 이 혼합물에 붓는다. ⑦~⑧

4 잘 섞어서 냄비에 옮겨 담고 중불에서 5분 정도 줄기차게 휘저어 걸쭉한 크림을 만든다. ⑨~⑪

5 완성한 크림을 볼에 옮겨서 충분히 식힌다. ⑫

응용1: 젤라틴을 섞은 크렘 파티시에르

젤라틴(레시피에 제시된 분량)을 찬물에 10분간 불려서 건진 뒤 뜨거운 물 2Ts에 녹입니다. 크렘 파티시에르에 녹인 젤라틴을 넣고 잘 섞어서 식히세요.

응용2: 버터를 섞은 크렘 파티시에르

크렘 파티시에르에 차가운 버터 90g을 2~3조각씩 나눠 넣으며 핸드블렌더로 고루 섞은 다음 냉장고에 넣어두세요.

Tip 레시피에 따라 크렘 파티시에르에 다양한 향을 첨가합니다. 클래식 버전은 바닐라향을 넣지만, 이 책에서는 바닐라파우더를 사용했습니다.
바닐라빈 줄기를 갈라서 씨를 긁어낸 다음 줄기와 씨를 통째로 뜨거운 우유에 넣어 향을 우리기도 합니다.

①

②

③

• 단계별 레시피 •

Crème pâtissière
크렘 파티시에르

⑤ ⑥ ⑦ ⑧ ⑨ ⑩ ⑪ ⑫

• 단계별 레시피 •

밀푀유

6~8인분

준비: 25분(파트 푀유테 만드는 시간은 제외)
냉장 보관: 2시간 가열: 5분 + 30분 + 5분

재료
- **기본 반죽** 직접 만든 파트 푀유테(또는 시판 생지) 400g, 아이싱슈거 50g
- **크림** 슈거파우더 75g, 달걀노른자 2개 분량, 옥수수 전분 30g, 우유 300㎖, 바닐라빈 1줄기, 판 젤라틴 4장, 뜨거운 물 2Ts, 버터 45g, 액상 생크림(유지방 36% 이상) 150㎖
- **장식** 아이싱슈거 25g

크림 만들기

1 밀푀유 크림 만드는 법은 크렘 파티시에르 만드는 법과 같다. 148페이지 레시피를 참고한다.

2 볼에 달걀노른자와 슈거파우더를 넣고 뽀얀 크림이 될 때까지 휘핑한다. 옥수수 전분을 넣어 한 번 더 휘핑해 혼합물을 만든다. 바닐라빈 줄기를 갈라 씨를 긁어낸다. 냄비에 우유, 바닐라빈 줄기와 씨를 넣고 뜨겁게 데워서 준비해둔 혼합물에 붓는다. 고루 섞어서 냄비에 옮겨 부은 뒤 걸쭉해질 때까지 중불에서 5분 정도 줄기차게 휘저어 크렘 파티시에르를 완성한다.

3 젤라틴을 찬물에 10분간 불린 뒤 건져서 뜨거운 물에 녹인다. 녹인 젤라틴을 크렘 파티시에르에 넣고 잘 섞어서 식힌다. 이 혼합물에 버터를 넣고 핸드블렌더로 섞어서 냉장고에 넣어둔다.

4 마지막으로 거품을 올린 생크림을 넣고 골고루 섞는다. ①~③ 냉장고에 최소 2시간 이상 넣어둔다.

파트 푀유테 굽기

1 오븐을 180℃(온도조절기 6)로 예열한다. 오븐 팬에 유산지를 깐다. 반죽을 오븐 팬 크기에 맞춰 3㎜ 두께의 네모꼴로 밀어서 유산지에 평평하게 펼친다. 반죽이 부풀어 오르지 못하도록 반죽 위에 오븐 팬을 덮어서 예열한 오븐에 30분간 굽는다.

2 잘 구워진 파트 푀유테를 오븐에서 꺼내 충분히 식힌다. 전체 크기를 살펴보고 정사각형, 직사각형, 원형 중에 한 형태를 정해서 똑같은 크기로 3장을 자른다. 이때 얇은 종이로 본을 떠서 잘라도 좋다.

3 오려낸 3장 중 1장에만 아이싱슈거를 뿌려서 ④ 예열한 오븐에 넣고 240℃(온도조절기 8)에서 5분간 굽는다. 타지 않도록 육안으로 확인하면서 먹음직하게 캐러멜화한다.

· 단계별 레시피 ·

밀푀유

합체하기

1 만들어놓은 크림과 파트 푀유테를 합체하는 데 필요한 재료와 도구이다. ⑤
2 짤주머니에 큼지막한 별모양 깍지를 끼우고 준비한 크림을 충분히 채워 넣는다. ⑥
3 나무 도마에 파트 푀유테 1장을 깐다. 캐러멜화된 파트 푀유테는 맨 위에 올려야 하므로 남겨둔다. 준비한 크림을 장미 꽃봉오리 모양으로 촘촘히 짜 올린다. ⑦~⑧
4 두 번째 장을 얹고⑨ 크림을 보기 좋게 짜 올린다.⑩
5 그 위에 캐러멜화된 파트 푀유테를 얹는다.⑪
6 장식으로 꽃봉오리 하나를 짜 올린다. 종이로 띠를 2~3개 만들어 밀푀유 한쪽 모서리에 배치한 다음 아이싱슈거를 뿌려 줄무늬를 낸다.
7 종이 띠를 조심스레 들어 내고 마무리한다.⑫

응용: 1인용 밀푀유

1인용 밀푀유를 만들 때는 파트 푀유테를 8cm×4cm 직사각형으로 등분해서 사용하세요. 파트 푀유테와 크림을 층층이 쌓은 다음 맨 위에 꽃송이 크림 하나를 올리고 아이싱슈거를 뿌려 마무리합니다.

Tip 파트 푀유테를 직접 반죽하려면 144페이지 레시피를 참고하세요.

• 단계별 레시피 •

Millefeuille aux fruits rouges

베리 밀푀유

6~8인분

준비: 25분(파트 푀유테 만드는 시간은 제외) 가열: 40분

베리 밀푀유 만들기

1 기본 레시피는 152페이지 '밀푀유'와 같다. 베리 밀푀유를 만드는 데 필요한 재료와 도구를 준비한다. ①

2 합체할 때②~⑧ 딸기 500g을 꼭지를 따고 반으로 갈라서 크림 위에 가지런히 배열한다. 이때 딸기 대신 라즈베리나 블랙베리를 써도 좋고 갖가지 베리를 모둠으로 써도 좋다.

• 단계별 레시피 •

Succès
쉭세

6~8인분

준비: 60분 냉장 보관: 2시간+하룻밤 가열: 12분 냉동 보관: 30분
직사각형 무스 틀 또는 정사각형 무스 틀(한 변 16㎝)

재료
- **프랄린 가나슈**   판 젤라틴 1장, 액상 생크림(유지방 36% 이상) 200㎖, 뜨거운 물 1Ts, 화이트커버추어초콜릿 50g, 프랄린 60g
- **다쿠아즈 시트(헤이즐넛 비스킷)**   달걀흰자 5개 분량, 슈거파우더 100g, 아이싱슈거 55g, 박력분 30g, 헤이즐넛 분말 100g, 헤이즐넛 칼로 거칠게 다진 것 100g
- **초콜릿 가나슈**   다크커버추어초콜릿 115g, 액상 생크림(유지방 36% 이상) 120㎖, 슈거파우더 40g, 버터 20g

프랄린 가나슈 준비하기(전날 밤)
1 젤라틴은 찬물에 10분간 불린다. 생크림은 냄비에 붓고 한소끔 끓인다.①
2 불린 젤라틴을 건져 물기를 닦아내고 뜨거운 물에 녹인 후 생크림에 넣어 섞는다.
3 볼에 초콜릿과 프랄린(프랄린 페이스트)을 넣은 다음② 생크림을 붓는다.③
4 골고루 섞어 최소 2시간 이상 냉장고에 넣어둔다.

다쿠아즈 시트 준비하기
1 오븐을 180℃(온도조절기 6)로 예열한다. 달걀흰자를 휘핑해서 거품을 50% 정도 올린 후 슈거파우더를 조금씩 넣어가며 계속 휘핑해서 새틴처럼 매끈하고 윤기나는 거품을 만든다.④
2 믹싱볼을 준비해 아이싱슈거, 박력분, 헤이즐넛 분말을 체에 내리고⑤ 고루 섞는다.⑥
3 이 가루 재료에 달걀흰자 거품을 붓고⑦ 고루 섞어 반죽한다.⑧
4 오븐 팬에 유산지를 깔고 시트 반죽을 평평하게 펼친다.⑨ 펼친 반죽의 3분의 1에 다진 헤이즐넛을 골고루 뿌려서⑩ 예열한 오븐에 12분간 굽는다.
5 다쿠아즈 시트가 완성되면 잘 식혀서 유산지를 벗긴다.

• 단계별 레시피 •

Succès
쉭세

초콜릿 가나슈 준비하기

1 믹싱볼에 초콜릿을 담는다. 냄비에 생크림과 슈거파우더를 넣고 한소끔 끓여서 초콜릿에 붓는다.⑪

2 이 재료들이 잘 어우러지게 섞는다.⑫

3 버터를 넣어 핸드블렌더로 혼합한다.⑬~⑭

합체하기

1 식혀둔 프랄린 가나슈를 냉장고에서 꺼내 믹서로 휘핑한 다음⑮ 큼지막한 원형 깍지를 끼운 짤주머니에 채워 넣는다.

2 다쿠아즈 시트를 3등분한다. 전체 크기를 살펴보고 정사각형, 직사각형 중에 한 형태를 정해서 똑같은 크기로 3장을 잘라낸다. 완성용 무스 틀로 시트를 눌러 찍으면 작업하기 편리하다.⑯~⑰ 참고로 헤이즐넛을 뿌린 시트는 완성할 때 맨 위에 올린다. 다쿠아즈 시트 3장을 맞추기가 어렵다면 시트 자투리 부분을 합쳐서 중간층을 만들어도 좋다.

3 완성용 플레이트에 사각형 무스 틀을 올리고 바닥에 시트 1장을 깐다. 이 시트에 초콜릿 가나슈를 절반만 부은 다음⑱ 냉동실에 15분간 넣어둔다.

4 이번에는 식힌 초콜릿 가나슈 시트 위에 짤주머니로 프랄린 가나슈를 절반 분량만 짠다.⑲ 그다음 표면을 평평하게 정리한다.

5 두 번째 시트를 올리고 초콜릿 가나슈 나머지 분량을 부은 다음⑳ 다시 냉동실에 15분간 넣어둔다.

6 냉동실에서 두 번째 시트까지 작업한 것을 꺼내 프랄린 가나슈 나머지 분량을 짜 올리고 표면을 매끈하게 정리한다.㉑ 마지막으로 헤이즐넛을 뿌린 시트를 조심스럽게 올린다.㉒ 다음날까지 냉장고에 넣어둔다.

쉭세 만들기(당일)

무스 틀과 쉭세가 잘 분리되도록 틀을 따라 칼로 정돈하고㉓ 무스 틀을 들어내 세팅한다.㉔

• 단계별 레시피 •

Succès
쉭세

21

22

23

24

• 단계별 레시피 •

Opéra
오페라

6~8인분

준비: 1시간 냉장 보관: 2시간+하룻밤 가열: 10분
무스 링(지름 18~20cm), 제누아즈 틀

재료

- **커피 시럽** 슈거파우더 100g, 커피 엑스트랙트 ⅛ts, 인스턴트 커피 1ts
- **시트** 달걀흰자 3개 분량, 슈거파우더 100g, 달걀노른자 5개 분량, 체에 내린 밀가루 45g
- **이탈리안 머랭** 슈거파우더 60g, 달걀흰자 1개 분량
- **버터 크림** 우유 50㎖, 거칠게 빻은 커피 원두 1ts, 달걀노른자 1개 분량, 인스턴트 커피 1ts, 슈거파우더 20g, 버터 160g
- **초콜릿 가나슈** 다크커버추어초콜릿(카카오 함량 62%) 215g, 액상 생크림(유지방 36% 이상) 250㎖, 슈거파우더 50g, 버터 95g
- **글라사주** 다크커버추어초콜릿(카카오 함량 62%) 75g, 버터 25g
- **장식 제안** 식용 금박 적당량, 커피빈 초콜릿 적당량

커피 시럽 준비하기(하루 전날)

물 100㎖에 슈거파우더를 희석해 끓인 다음 커피 엑스트랙트와 인스턴트 커피를 넣고 고루 섞는다. 커피 엑스트랙트 만드는 법은 210쪽을 참고한다.

비스퀴 아 라 퀴이에르 시트 준비하기

1 달걀흰자를 휘핑하다가 거품이 일기 시작하면 슈거파우더를 조금씩 넣으며 휘핑해서 풍성하게 거품을 올린다.

2 달걀노른자와 체에 내린 밀가루를 순서대로 넣어가며 살살 섞어서 반죽한다.

3 유산지를 깐 제누아즈 틀에 이 시트 반죽을 붓고 표면을 평평하게 고른다.

4 180℃(온도조절기 6)로 예열한 오븐에 10분간 굽는다. 비스퀴 아 라 퀴이에르를 만드는 상세한 방법은 178페이지 라즈베리 샤를로트 레시피를 참고한다.

이탈리안 머랭 준비하기

1 바닥이 두꺼운 냄비에 물 1Ts과 슈거파우더를 넣고 121℃까지 끓여 시럽을 만든다.① 시럽 온도를 측정할 당과용 온도계가 없다면 86페이지 레시피를 참고한다.

2 볼에 달걀흰자를 넣고 거품을 50% 정도 올린 상태에서 뜨거운 시럽을 조금씩 떨어트리며 중속으로 휘핑해 새틴처럼 매끄럽고 윤이 나는 머랭을 완성한다. ②~③

초콜릿 가나슈 준비하기

믹싱볼에 초콜릿을 담아놓는다. 냄비에 생크림과 슈거파우더를 넣고 한소끔 끓여서 초콜릿에 붓는다. 이 혼합물을 어우러지게 섞은 다음 버터를 넣고 핸드블렌더로 골고루 혼합한다. 158페이지 쉭세 레시피의 초콜릿 가나슈 만들기 단계를 참고하면 좋다.

• 단계별 레시피 •

Opéra
오페라

버터 크림 준비하기

1 오페라를 만들 때 필요한 재료와 도구를 준비한다. ④
2 우유를 한소끔 끓인 후 거칠게 빻은 커피 원두를 넣어 향을 우린다. ⑤ 식혀서 차 여과기에 거른다. ⑥
3 볼에 달걀노른자, 인스턴트 커피, 슈거파우더를 넣고 고루 섞는다. 커피 향이 우러난 우유를 한 번 더 뜨겁게 데워서 붓는다. ⑦
4 냄비로 옮겨 아주 약한 불에서 크림을 만든다. ⑧ 주걱으로 떴을 때 흘러내리지 않고 표면에 착 감기는 상태여야 한다. 완성되면 크림을 식힌다.
5 버터를 부드럽게 풀어준 다음, 조금 전에 완성한 크림을 조금씩 넣어가며 잘 섞어 버터 크림을 만든다. ⑨ 이 버터 크림에 이탈리안 머랭을 붓고 서로 어우러지게 혼합한다. ⑩

합체하기

1 시트를 3등분한다. 시트 형태와 크기를 살펴보고 원형, 정사각형, 직사각형 중 한 가지 형태를 정해서 똑같은 크기로 3장을 잘라낸다. ⑪ 3장을 맞추기가 어렵다면 시트 자투리 부분을 합쳐서 중간층을 만들어도 좋다.
2 완성용 플레이트에 무스 링을 올린 다음 바닥에 시트 1장을 깔고 커피 시럽을 골고루 바른다. ⑫
3 그 위에 초콜릿 가나슈를 절반 분량만 깐 다음⑬ 두 번째 시트를 얹고 ⑭ 다시 한 번 커피 시럽을 바른다.
4 커피 시럽 위에 버터 크림을 붓고 표면을 평평하게 정리한다. ⑮
5 마지막 시트를 얹고⑯ 커피 시럽을 바른 다음⑰ 나머지 초콜릿 가나슈를 붓고 표면을 매끈하게 정리해⑱ 냉장고에 최소 2시간 이상 넣어둔다.
6 마지막으로 초콜릿과 버터를 녹여서 만든 글라사주를 오페라 표면에 바른다.
7 완성한 오페라를 다음날까지 냉장고에 넣어둔다. 무스 틀은 먹기 직전에 들어낸다.
8 경사스러운 날에는 오페라에 금박을 올려 멋을 부린다. 칼끝으로 몇 조각을 살며시 들어 올려 글라사주 표면에 얹는다. ⑲ 장식 금박은 깃털처럼 가벼우니 바람에 날아가지 않게 주의한다. 커피빈 초콜릿으로 마무리한다. ⑳

①

②

③

• 단계별 레시피 •

Opéra
오페라

• 단계별 레시피 •

Fraisier
프레지에

★★★
6~8인분

준비: 1시간 가열: 5분 + 10분 냉장 보관: 하룻밤
무스 링(지름 20cm), 제누아즈 틀

재료

- **크렘 파티시에르**
  슈거파우더 115g
  달걀노른자 3개 분량
  옥수수 전분 45g
  전지 우유(가급적 차가운 상태) 450㎖
- **시트**
  달걀노른자 7개 분량
  슈거파우더 180g
  달걀흰자 4개 분량
  체에 내린 밀가루 65g
- **합체**
  딸기 500g
  실온에서 말랑해진 버터 150g

크렘 파티시에르 준비하기(하루 전날)

1 볼에 슈거파우더와 달걀노른자를 넣고 뽀얀 크림이 될 때까지 휘핑한다. 옥수수 전분을 넣고 한 번 더 휘핑해 혼합물을 만든다.

2 뜨겁게 데운 우유를 붓고 뭉치지 않게 고루 섞은 다음 혼합물과 냄비에 넣고 중불에서 5분 정도 줄기차게 휘저어 걸쭉한 크림을 만든다. 완성한 크림은 냉장고에 넣어둔다. '크렘 파티시에르' 만드는 법은 148페이지 레시피를 참고하면 좋다.

비스퀴 아 라 퀴이에르 시트 준비하기

1 볼에 달걀노른자와 슈거파우더 3분의 1(60g)을 넣고 거품기로 부드럽게 풀어준다.

2 이번에는 다른 볼에 달걀흰자를 넣고 휘핑하다가 거품이 일면 슈거파우더 나머지 분량(120g)을 넣고 거품을 끝까지 올린다.

3 흰자 거품을 노른자 혼합물에 넣고 살살 섞은 다음 체에 내린 밀가루를 넣어 반죽한다.

4 유산지를 깐 제누아즈 틀에 시트 반죽을 붓고 표면을 평평하게 고른다. 이 시트를 180℃(온도조절기 6)로 예열한 오븐에 10분간 굽는다.

①

②

③

• 단계별 레시피 •

Fraisier
프레지에

합체하기

1 완성용 무스 링으로 비스퀴 아 라 퀴이에르 시트를 눌러 찍어 원반 모양 시트를 2개 만든다.

2 실온에서 말랑해진 버터를 휘핑해서 크림처럼 부드럽게 푼다. ① ~ ②

3 이 버터에 냉장고에 넣어둔 크렘 파티시에르를 꺼내 함께 골고루 휘핑한 다음 믹싱볼에 옮겨 담는다. ③

4 딸기는 흐르는 물에 재빨리 씻어서 키친타월에 얹어 물기를 꼼꼼히 거둬 낸다. 이때 꼭지는 따지 않는다. ④

5 완성용 플레이트에 무스 링을 올리고 원반형 시트 1장을 바닥에 깐다. ⑤ 딸기 꼭지를 딴 다음 모양이 예쁜 것을 선별해 이등분한 후 잘린 단면이 무스 링 벽에 맞닿게 촘촘히 배열한다. ⑥

6 크렘 파티시에르를 조금만 덜어내 딸기 틈새를 메운다. ⑦

7 맨 위에 장식용으로 올릴 가장 예쁜 딸기를 12알 정도 남겨둔다. 나머지 딸기는 크렘 파티시에르 위에 올린다. ⑧

8 다시 한 번 크렘 파티시에르를 빈 공간을 메꾸듯 펴 바른다. ⑨

9 두 번째 원반형 시트를 얹는다. ⑩

10 크렘 파티시에르를 조금만 덜어내 두 번째 시트에 바르고 표면을 평평하게 정리한다. ⑪

11 남겨둔 딸기를 올려 보기 좋게 장식한다. ⑫ 지름 8mm 원형 깍지를 끼운 짤주머니에 나머지 크렘 파티시에르를 넣어 딸기 사이사이에 촘촘히 짜 올린다. ⑬ ~ ⑭

12 완성한 프레지에를 다음날까지 냉장고에 넣어둔다. ⑮ 무스 링은 먹기 직전에 들어낸다.

④

⑤

⑥

Tout choco
투 쇼코

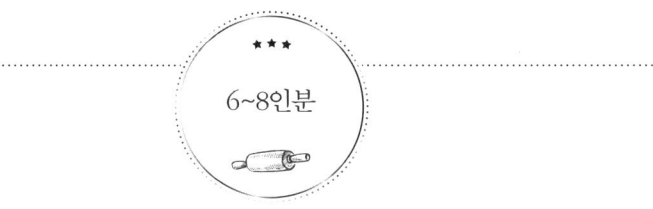

★★★

6~8인분

준비: 1시간   냉장 보관: 2시간 + 하룻밤   가열: 12분 + 5분 + 10분 + 5분
사각형 무스 틀(한 변 15cm) 또는 무스 링(지름 18cm)

재료

- **시트(사블레 카카오)**   밀가루 40g, 코코아파우더 1ts, 아몬드 분말 25g, 헤이즐넛 분말 25g, 버터 50g, 비정제 흑설탕 50g
- **초콜릿 크림**   슈거파우더 25g, 달걀노른자 2개 분량, 우유 100㎖, 액상 생크림(유지방 36% 이상) 200㎖, 다크커버추어초콜릿 130g
- **시트(비스퀴 오 쇼콜라)**   다크커버추어초콜릿 50g, 실온에서 말랑해진 버터 50g, 밀가루 20g, 옥수수 전분 1Ts(스푼에 채운 뒤 평평하게 깎아서 계량), 달걀흰자 2개 분량, 슈거파우더 50g
- **초콜릿 무스**   판 젤라틴 1장, 달걀노른자 3개 분량, 우유 60㎖, 액상 생크림(유지방 36% 이상) 60㎖, 끓는 물 1Ts, 다크커버추어초콜릿 120g, 달걀흰자 1개 분량, 슈거파우더 60g, 거품 올린 생크림 100㎖
- **글라사주**   판 젤라틴 1½장, 끓는 물 1Ts, 액상 생크림(유지방 36% 이상) 3Ts, 슈거파우더 55g, 코코아파우더 1Ts
- **장식**   좋아하는 종류의 초콜릿 적당량

사블레 카카오 시트 준비하기 (하루 전날)

1 믹싱볼에 밀가루, 코코아파우더, 아몬드 분말, 헤이즐넛 분말을 넣고 고루 섞는다. 볼에 버터와 흑설탕을 넣어 부드럽게 푼 다음 준비해둔 가루 재료를 넣고 뭉치지 않게 섞어 반죽한다. 냉장고에 최소 1시간 이상 넣어둔다.

2 오븐을 150℃(온도조절기 5)로 예열한다. 오븐 팬에 유산지를 깔고 반죽을 3~4mm 두께로 평평하게 민다. 이때 완성용 무스 틀보다 약간 크게 밀어 펼친다. 예열한 오븐에 12분간 굽는다. 충분히 식힌 뒤 무스 틀은 들어낸다.

초콜릿 크림 준비하기

1 볼에 슈거파우더와 달걀노른자를 넣고 거품기로 부드럽게 풀어준다.

2 우유와 생크림을 뜨겁게 데운 다음 준비해놓은 혼합물에 붓고 뭉치지 않게 휘저어 고루 섞는다. 이것을 냄비로 옮겨 아주 약한 불에서 5분 정도 줄기차게 휘저어 크림을 만든다. 이때 주걱으로 떴을 때 흘러내리지 않고 표면에 착 감기는 상태여야 한다.

3 믹싱볼에 초콜릿을 담고 그 위에 크림을 부어 윤이 나도록 섞는다. 한 김 식으면 핸드블렌더로 골고루 섞어 충분히 식힌다.

Tout choco
투 쇼코

비스퀴 오 쇼콜라 시트 준비하기
1 초콜릿과 버터를 합쳐 중탕하거나 전자레인지에 녹인다. 밀가루와 옥수수 전분은 뭉치지 않도록 체에 내린다. 오븐을 190℃(온도조절기 6~7)로 예열한다.
2 달걀흰자에 슈거파우더를 조금씩 넣어가며 거품을 올린다. 녹여둔 초콜릿에 체에 내린 가루 재료를 넣어 잘 섞은 후, 거품 낸 달걀흰자를 넣고 잘 휘는 실리콘 주걱으로 조심스레 섞으며 반죽한다.
3 오븐 팬에 유산지를 깔고 사각형 무스 틀이나 무스 링을 올린 다음 반죽을 붓는다. 예열한 오븐에 10분간 구운 뒤 충분히 식힌다.

초콜릿 무스 만들기
1 먼저 젤라틴을 찬물에 10분간 불린다. 볼에 달걀노른자를 넣어 부드럽게 푼다. 우유와 생크림을 뜨겁게 데운 다음 달걀노른자에 붓고 뭉치지 않게 계속 휘저어 고루 섞는다. 냄비로 옮겨 아주 약한 불에서 5분 정도 줄기차게 휘저어 크림을 만든다. 주걱으로 떴을 때 흘러내리지 않고 표면에 착 감기는 상태인지 점검한다. 불린 젤라틴을 건져서 뜨거운 물에 녹인 다음 크림에 넣고 섞는다. 믹싱볼에 초콜릿을 담고 그 위에 크림을 붓는다. 잘 섞어서 매끈하고 윤이 나는 초콜릿 크림을 완성한 후 충분히 식힌다.
2 볼에 달걀흰자와 슈거파우더를 담고 중탕으로 열을 가하면서 흰자를 휘핑해 스위스 머랭을 만든다. 생크림도 휘핑해서 거품을 올린다. 식혀둔 초콜릿 크림에 머랭과 거품 올린 생크림을 넣어 골고루 혼합한다.
3 무스 틀로 사블레 카카오 시트를 눌러 사각형으로 찍어낸다. 완성용 플레이트에 무스 틀을 올리고 비스퀴 오 쇼콜라 시트를 바닥에 깐다. 이 시트 위에 초콜릿 무스를 얇게 펴 바르고 사블레 카카오 시트를 얹는다. 이번에는 초콜릿 크림을 바른 후 남아 있는 초콜릿 무스를 다 붓고 표면을 평평하게 정리한다. 냉장고에 최소 2시간 이상 넣어둔다.

글라사주 만들기
1 젤라틴을 찬물에 10분간 불리고 건져서 뜨거운 물에 녹인다. 생크림에 물 1Ts과 슈거파우더를 풀어 뜨겁게 데운 후 녹인 젤라틴과 코코아파우더를 넣는다. 이 혼합물을 핸드블렌더로 고루 섞어 글라사주를 완성한다. 잘 식혀서 케이크 표면에 매끈하게 바른다.
2 완성한 투 쇼코를 냉장고에 하룻밤 동안 넣어둔다. 무스 틀은 먹기 직전에 들어내고 초콜릿 등으로 장식한다.

• 단계별 레시피 •

Charlotte aux framboises
라즈베리 샤를로트

6~8인분

준비: 45분 가열: 9분 냉장 보관: 하룻밤
무스 링(지름 18~20cm)

재료

• 시트
밀가루 130g
달걀흰자 3개 분량
슈거파우더 115g
달걀노른자 7개 분량
아이싱슈거 50g

• 무스
판 젤라틴 3장
뜨거운 물 1Ts
라즈베리 퓌레 300g
레몬즙 1½Ts
액상 생크림(유지방 36% 이상) 300㎖

• 이탈리안 머랭
슈거파우더 130g
달걀흰자 2개 분량

• 장식
라즈베리 250g
아이싱슈거 25g

비스퀴 아 라 퀴이에르 시트 준비하기(하루 전날)

1 밀가루를 체에 내린다. ①

2 달걀흰자에 슈거파우더를 조금씩 넣으면서 휘핑해 거품을 올린다. ②

3 이번에는 달걀노른자를 넣어 저속으로 휘핑해 고루 섞는다. ③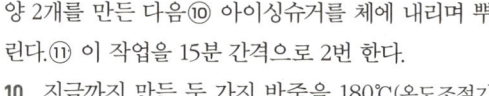

4 믹싱볼에 옮겨 담은 후 ④ 체에 내린 밀가루를 넣고 주걱으로 섞어 반죽한다. ⑤

5 오븐 팬에 깔 유산지에 길이 65cm의 직선 2개를 7cm 간격으로 평행하게 긋는다. ⑥

6 짤주머니에 지름 8mm 원형 깍지를 끼우고 시트 반죽을 넣는다. 오븐 팬에 유산지를 깔고 그어놓은 직선을 기준선 삼아 작은 막대 모양으로 반죽을 짠다. ⑦

7 짜놓은 반죽 위에 아이싱슈거를 체에 내리며 뿌린다. ⑧ 이 작업을 15분 간격으로 2번 한다.

8 이번에는 유산지에 무스 틀을 이용해 원을 2개 그린다. 완성용 무스 링보다 지름이 2cm 짧은 원으로 그린다. ⑨

9 원 테두리 안에 나선형으로 반죽을 짜서 원반 모양 2개를 만든 다음 ⑩ 아이싱슈거를 체에 내리며 뿌린다. ⑪ 이 작업을 15분 간격으로 2번 한다.

10 지금까지 만든 두 가지 반죽을 180℃(온도조절기 6)로 예열한 오븐에 9분간 굽는다.

• 단계별 레시피 •

Charlotte aux framboises
라즈베리 샤를로트

무스 준비하기
1. 젤라틴을 찬물에 10분간 불리고 건져서 뜨거운 물에 녹인다.
2. 라즈베리 퓌레를 뜨겁게 데운 후 녹인 젤라틴과 레몬즙을 순서대로 넣고 고루 섞어서 과일 쿨리를 만든다. ⑫ ~ ⑭
3. 생크림을 휘핑해 거품을 올려서 과일 쿨리에 넣고 고루 섞는다. ⑮

이탈리안 머랭 준비하기
이 레시피는 164페이지 오페라 레시피에 소개한 머랭 만들기와 같다.

1. 바닥이 두꺼운 냄비에 물 1Ts과 슈거파우더를 넣고 121℃까지 끓여 시럽을 만든다. 시럽 온도를 측정할 당과용 온도계가 없다면 86페이지 레시피를 참고한다.
2. 볼에 달걀흰자를 넣고 거품을 50% 정도 올린 상태에서 뜨거운 시럽을 조금씩 떨어뜨리며 중속으로 휘핑해 매끄럽고 윤이 나는 머랭을 완성한다.
3. 준비해둔 무스에 이탈리안 머랭을 넣어 고루 섞는다. ⑯

합체하기
1. 라즈베리 샤를로트를 완성하는 데 필요한 재료와 도구를 준비한다. ⑰
2. 완성용 플레이트에 무스 링을 올린 후 벨트 모양의 시트를 무스 링 안쪽 벽면에 두른다. ⑱
3. 원반 모양의 첫 번째 시트를 바닥에 깔고 ⑲ 무스를 절반만 올린다. ⑳
4. 무스 위에 라즈베리를 골고루 올리고 ㉑ 두 번째 원반 모양의 시트를 얹는다. ㉒ ~ ㉓
5. 남아 있는 무스를 모두 올리고 표면을 평평하게 정리한다. ㉔
6. 보기 좋게 라즈베리를 촘촘히 올린다. ㉕
7. 아이싱슈거를 체에 내리며 뭉치지 않게 뿌린다. ㉖
8. 완성한 라즈베리 샤를로트를 냉장고에 다음날까지 넣어둔다. 무스 틀은 먹기 직전에 들어낸다.

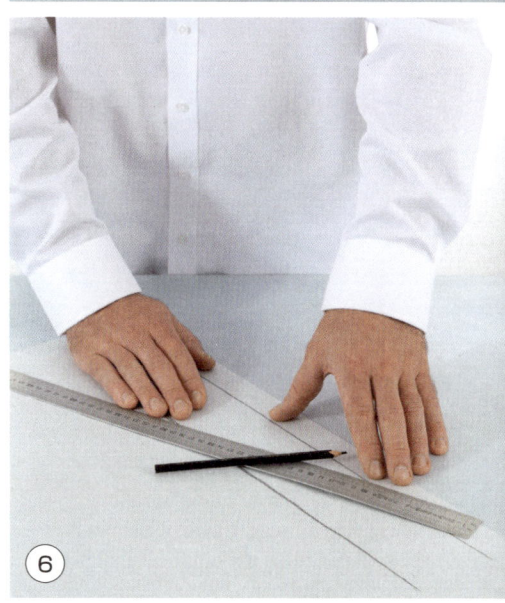

· 단계별 레시피 ·

Charlotte aux framboises
라즈베리 샤를로트

Les macarons
입이 즐거운 마카롱

• 단계별 레시피 •

마카롱

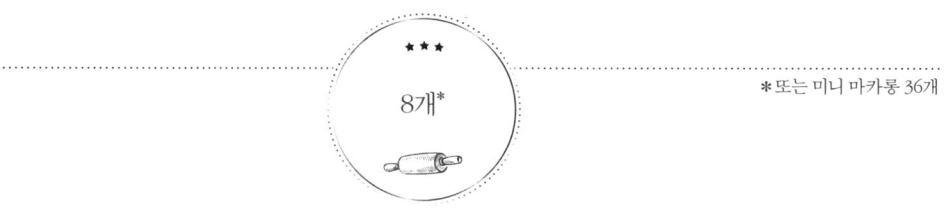

8개*

*또는 미니 마카롱 36개

준비: 2시간 가열: 16분

재료
- 반죽 달걀흰자 115g(달걀 4~5개 분량), 아몬드 분말 155g, 아이싱슈거 160g, 향료(각 레시피에 제시된 향), 슈거파우더 160g, 분말 식용색소(각 레시피에 제시된 색)

반죽 만들기

예시 사진은 레시피 분량의 3배로 만든 것이다.

1 달걀을 깨서 흰자만 분리해 정확히 115g을 준비한다. ①

2 볼 2개에 달걀흰자를 절반(57.5g)씩 담는다.

3 믹싱볼을 준비해 아몬드 분말과 아이싱슈거를 체에 내린다. ②

4 여기에 나눠놓은 흰자(57.5g)를 넣고 잘 섞은 다음 각 레시피에 제시된 향을 넣는다. ③

5 나무 주걱으로 힘차게 저어 1차 혼합물을 만든다. ④

6 작은 냄비에 슈거파우더, 식용색소(기호에 따라 첨가), 물 1Ts을 넣고 121℃까지 끓여 시럽을 만든다. ⑤ 시럽 온도를 측정할 당과용 온도계가 없다면 86페이지 레시피를 참고한다.

7 나머지 흰자(57.5g)를 볼에 넣고 휘핑한다. 거품이 일기 시작하면 뜨거운 시럽을 조금씩 흘려 넣으며 계속 휘핑한다. ⑥

8 필요에 따라 식용색소(예시 사진에는 라즈베리색 식용색소를 사용)를 첨가해 색을 낸다. 식용색소는 제품별로 색상의 진하기가 다르니 조절해 사용한다. 저속으로 몇 분 더 휘핑해서 윤기가 도는 이탈리안 머랭을 완성한다. ⑦

9 1차 혼합물에 머랭을 조금만 넣어 거품이 꺼지지 않도록 나무 주걱으로 살살 쓸어 올리며 섞는다. ⑧

10 남겨놓은 머랭을 다 넣어 몇 분간 힘껏 휘저어 반죽을 완성한다. ⑨ 나무 주걱으로 반죽을 들어 올렸을 때 죽 흘러내리거나 덩어리가 지지 않고, 적당히 탄력 있는 리본 모양이 잡혀야 하는데 이를 '마카로네' 상태라고 한다.

• 단계별 레시피 •

Macarons
마카롱

마카롱 반죽 짜기와 굽기

1   맨 먼저 오븐 팬에 유산지를 깐다. 짤주머니에 지름 10mm 원형 깍지를 끼우고 마카롱 반죽을 채워 넣는다. ⑩
2   미니 마카롱을 만들 때는 지름 3~4cm 원형으로 반죽을 짜서 코크 형태를 잡는다. ⑪
3   큰 마카롱을 만들 때는 지름 6~7cm 원형으로 반죽을 짜서 코크 형태를 잡는다. ⑫
4   오븐을 125℃(온도조절기 4~5)로 예열해 16분간 굽는다.

마카로나드 반죽 짜기와 굽기

1   유산지에 접시를 엎어놓고 연필로 원을 2개 그린다. ⑬ 6인용 분량이라면 지름 18cm 정도가 적당하다.
2   마카롱 반죽을 중심에서 바깥으로 빙빙 비틀어 돌려 나선형으로 짠다. ⑭
3   오븐을 125℃(온도조절기 4~5)로 예열해 16분간 굽는다.

하트 모양 반죽 짜기와 굽기

1   유산지에 반쪽 하트 모양(20cm×10cm 직사각형에 들어갈 크기)을 대고 본을 뜬다. ⑮
2   하트 가장자리에서 안쪽으로 마카롱 반죽을 짜서 전체를 꼼꼼하게 메운다. ⑯ ~ ⑰
3   완성한 하트 모양 반죽을 실온에서 1시간 굳힌다. 반죽에 손가락을 댔을 때 반죽이 손에 묻어 나지 않아야 한다.
4   오븐을 125℃(온도조절기 4~5)로 예열해 16분간 굽는다.

⑩

⑪

⑫

Macarons à la vanille ou au chocolat
바닐라·초콜릿 마카롱

★★★
8개*

*또는 미니 마카롱 36개

준비: 20분(코크 만드는 시간 제외) 가열: 16분
냉장 보관: 24시간

재료

- **바닐라 코크**   달걀흰자 115g(달걀 4~5개 분량), 아몬드 분말 155g, 아이싱슈거 150g, 바닐라 파우더 ¼ts, 슈거파우더 160g
- **초콜릿 코크**   달걀흰자 115g(달걀 4~5개 분량), 코코아파우더 30g, 아몬드 분말 145g, 아이싱슈거 145g, 바닐라 파우더 ¼ts, 슈거파우더 160g, 카민색(또는 붉은색) 분말 식용색소를 칼끝으로 1번 찍은 분량(선택 사항)
- **바닐라 가나슈**   옥수수 전분 1ts, 생크림 1Ts, 액상 생크림(유지방 36% 이상) 120㎖, 화이트커버추어초콜릿 버튼 타입(또는 칼로 거칠게 다진 것) 50g, 바닐라 농축액 1ts, 슈거파우더 50g, 버터 65g
- **초콜릿 가나슈**   다크커버추어초콜릿 버튼 타입(또는 칼로 거칠게 다진 것) 180g, 액상 생크림(유지방 36% 이상) 180㎖, 슈거파우더 20g

코크 준비하기(하루 전날)

1 186페이지 레시피를 참고해 마카롱 반죽을 준비해서 16분간 굽는다.
2 초콜릿 마카롱 코크는 코코아파우더, 아몬드 분말, 아이싱슈거를 체에 내려 만든다.

바닐라 가나슈 만들기

볼에 옥수수 전분과 생크림 1Ts을 넣고 매끄럽게 푼다. 믹싱볼에는 화이트초콜릿을 담는다. 바닥이 두꺼운 냄비에 생크림 나머지 분량과 바닐라 농축액, 슈거파우더를 넣고 뜨겁게 데워서 초콜릿에 붓는다. 몇 분간 휴지시킨 후 옥수수 전분과 생크림 혼합물을 넣어 고루 섞는다. 마지막으로 버터를 넣고 거품기로 잘 섞어서 충분히 식힌다.

초콜릿 가나슈 만들기

믹싱볼에 초콜릿을 담는다. 바닥이 두꺼운 냄비에 생크림, 슈거파우더를 넣고 뜨겁게 데워서 초콜릿에 붓는다. 몇 분간 식힌 후 거품기로 섞어서 다시 한 번 식힌다.

마카롱 만들기

1 짤주머니에 지름 8mm의 원형 깍지를 끼우고 가나슈를 넣는다. 코크 반쪽에 가나슈를 짜 올린 다음 다른 코크를 얹어 마카롱을 완성한다.
2 향이 잘 밴 마카롱을 맛보려면 밀폐 용기에 담아 최소 24시간 이상 냉장 보관했다가 먹는다.

Macarons au citron et à la menthe
레몬 민트 마카롱

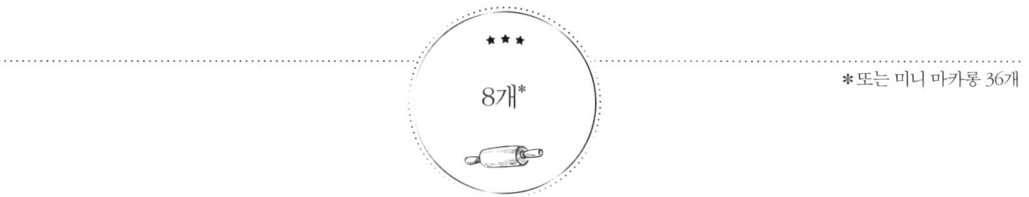

8개*

＊또는 미니 마카롱 36개

준비: 25분(코크 만드는 시간 제외) 가열: 21분
냉장 보관: 3시간 + 24시간

재료
- **코크** 달걀흰자 115g(달걀 4~5개 분량), 아몬드 분말 155g, 아이싱슈거 150g, 슈거파우더 160g, 레몬색 분말 식용색소를 칼끝으로 1번 찍은 분량, 민트색 분말 식용색소를 칼끝으로 1번 찍은 분량
- **레몬 민트 크림** 생레몬즙과 과육 혼합해서 80㎖(레몬 1~2개 분량), 달걀 2개, 슈거파우더 100g, 옥수수 전분 1Ts, 판 젤라틴 ⅓장, 끓는 물 1Ts, 민트 에센스 2~3방울, 버터 130g

코크 준비하기(하루 전날)
186페이지 레시피를 참고해 마카롱 반죽을 준비해서 21분간 굽는다. 반죽의 절반은 레몬색, 절반은 민트색으로 물들인다.

레몬 민트 크림 만들기
1 레몬을 짜서 과즙과 과육을 합해 80㎖를 모은다. 믹싱볼에 달걀, 슈거파우더, 옥수수 전분을 넣고 휘핑해서 혼합물을 만든다. 바닥이 두꺼운 냄비에 레몬 과즙과 과육을 넣어 한소끔 끓인 다음 준비해둔 혼합물을 넣고 거품기로 고루 섞는다. 다시 불을 올려서 5분간 쉬지 않고 휘저어 크렘 파티시에르처럼 걸쭉한 크림을 만든다.

2 젤라틴을 찬물에 10분간 불리고 건져서 뜨거운 물에 녹인다. 크림에 녹인 젤라틴과 민트 에센스를 넣고 섞는다. 민트 에센스는 제품마다 향의 강도가 다르므로 적당히 조절한다. 한 김 식으면 조각낸 버터를 넣고 핸드블렌더로 부드럽게 섞어 레몬 민트 크림을 완성한다. 이 크림은 냉장고에 최소 3시간 이상 넣어둔다.

3 짤주머니에 지름 8mm 원형 깍지를 끼우고 레몬 민트 크림을 넣는다. 만들어둔 코크 중 레몬색 코크에 크림을 짜 올린 다음 민트색 코크를 얹어 마카롱을 완성한다. 민트색 코크에 크림을 짜 올린 다음 레몬색 코크를 얹어 마카롱을 완성해도 상관없다.

4 향이 잘 밴 마카롱을 맛보려면 밀폐 용기에 담아 최소 24시간 이상 냉장 보관했다가 먹는다.

Macarons à la framboise et au citron vert
라즈베리 라임 마카롱

8개*

*또는 미니 마카롱 36개

준비: 15분(코크 만드는 시간 제외)   가열: 16분
냉장 보관: 24시간

재료

- **코크** 달걀흰자 115g(달걀 4~5개 분량), 아몬드 분말 155g, 아이싱슈거 150g, 슈거파우더 160g, 라즈베리색 분말 식용색소를 칼끝으로 1~2번 찍은 분량(제품마다 색의 농도가 다르므로 기호에 따라 조절)
- **코크 장식** 화이트커버추어초콜릿 100g, 녹색 액상 식용색소 2~3방울
- **라즈베리 라임 필링** 농도가 되직한 라즈베리 잼 270g, 아몬드 분말 40g, 강판에 간 라임 껍질 1ts

코크 준비하기(하루 전날)

1 186페이지 레시피를 참고해 마카롱 반죽을 만들어 16분간 굽는다.

2 볼에 초콜릿을 담고 아주 약한 불에서 중탕으로 녹인다. 초콜릿을 건드리지 않는다. 이때 중탕하는 물이 끓어서도 안 되고 초콜릿을 담은 볼에 물이 닿아서도 안 된다. 주걱으로 살살 저어준 다음 녹색 식용색소를 떨어뜨린다. 그다음 유산지를 접어 고깔 모양을 만든다. 이 임시 짤주머니에 초콜릿을 넣어 마카롱 표면을 지그재그로 장식한다.

라즈베리 라임 필링 만들기

1 라즈베리 잼(취향에 따라 씨가 포함된 잼도 좋음), 아몬드 분말, 강판에 간 라임 껍질을 다 섞어 필링을 만든다.

2 짤주머니에 지름 8㎜ 원형 깍지를 끼우고 준비한 필링을 넣는다. 라즈베리색 코크 한쪽에 라즈베리 라임 필링을 짜 올린 다음 다른 라즈베리색 코크를 얹어 마카롱을 완성한다.

3 향이 잘 밴 마카롱을 맛보려면 밀폐 용기에 담아 최소 24시간 이상 냉장 보관했다가 먹는다.

Macarons à la pistache
피스타치오 마카롱

★★★
8개*

*또는 미니 마카롱 36개

준비: 25분(코크 만드는 시간 제외) 가열: 16분
냉장 보관: 24시간

재료
- **코크** 달걀흰자 115g(달걀 4~5개 분량), 아몬드 분말 140g, 피스타치오 분말 55g, 아이싱슈거 175g, 슈거파우더 160g, 녹색 분말 식용색소를 칼끝으로 1~2번 찍은 분량(제품마다 색의 농도가 다르므로 기호에 따라 조절)
- **피스타치오 크림** 슈거파우더 30g, 달걀 1개, 버터 110g, 피스타치오 페이스트 30g, 아몬드 분말 65g, 아이싱슈거 65g

코크 준비하기(하루 전날)
186페이지 레시피를 참고한다. 아몬드 분말에 피스타치오 분말을 섞어 반죽해서 16분간 굽는다.

피스타치오 크림 만들기
1 바닥이 두꺼운 작은 냄비에 물 2Ts과 슈거파우더를 넣고 121℃까지 끓여 시럽을 만든다. 시럽 온도를 측정할 당과용 온도계가 없다면 86페이지 레시피를 참고한다.

2 믹싱볼에 달걀을 넣고 휘핑하다가 뜨거운 시럽을 조금씩 떨어뜨리며 계속 휘저어 무스처럼 풍성하고 단단한 거품을 올린다. 버터를 섞은 다음 피스타치오 페이스트, 아몬드 분말, 아이싱슈거를 넣고 고루 섞어서 크림을 만든다. 완성한 피스타치오 크림을 충분히 식힌다.

3 짤주머니에 지름 8mm 원형 깍지를 끼우고 피스타치오 크림을 넣는다. 만들어둔 피스타치오색 코크 한쪽에 크림을 짜 올린 다음 다른 피스타치오색 코크를 얹어 마카롱을 완성한다.

4 향이 잘 밴 마카롱을 맛보려면 밀폐 용기에 담아 최소 24시간 이상 냉장 보관했다가 먹는다.

• 단계별 레시피 •

Macaronnade
마카로나드

★★★

6~8인분

준비: 25분(코크 만드는 시간 제외)   가열: 16분
냉장 보관: 2시간

재료

• 마카롱
달걀흰자 115g(달걀 4~5개 분량)
아몬드 분말 155g
아이싱슈거 160g
슈거파우더 160g
라즈베리색 분말 식용색소 적당량

• 크렘 파티시에르
달걀노른자 3개 분량
슈거파우더 110g
옥수수 전분 45g
전지 우유(가급적 차가운 상태) 450㎖
피스타치오 페이스트 25g
차가운 액상 생크림(유지방 36% 이상) 150㎖

• 장식
라즈베리 375g
식용 금박 1장

Tip 식용 금박(종이첩 또는 유리병 포장)은 인터넷이나 제과용품 전문점에서 구매할 수 있습니다.

마카롱 만들기

186페이지 레시피를 참고해 2개의 원반 모양(지름 22㎝) 마카롱을 만들어 16분간 굽고, 마카로나드를 만드는 데 필요한 재료와 도구를 준비한다. ①

크렘 파티시에르 만들기

1 148페이지 레시피를 참고해 크렘 파티시에르를 만든 다음 피스타치오 페이스트를 혼합한다. 냉장고에 최소 2시간 이상 보관해서 차갑게 식힌다.

2 생크림을 휘핑해 거품을 올린 후 크렘 파티시에르에 넣고 골고루 섞는다. ②~③

3 완성용 플레이트에 원반 모양 마카롱을 올린다. 큼지막한 원형 깍지를 끼운 짤주머니에 크렘 파티시에르를 넣고 원반에 맞추어 나선형으로 짜 올린다. ④~⑤

4 라즈베리 중에 예쁜 것을 골라 원반 둘레에 얹는다. 장식용으로 쓸 것도 몇 알 남겨둔다. ⑥

5 라즈베리 중에 좀 못난 것들을 안쪽에 배열한 후 크렘 파티시에르로 덮는다. ⑦~⑧

6 남겨놓은 두 번째 원반 모양 마카롱을 얹는다. ⑨

7 크렘 파티시에르를 접착제처럼 몇 번 짜 올리고 ⑩ 장식용 라즈베리를 세팅한다. ⑪

8 경사스러운 날에는 마카로나드에 금박을 올려 멋을 부린다. 칼끝으로 몇 조각을 살며시 들어 올려 라즈베리에 얹는다. ⑫

• 단계별 레시피 •

Macaronnade
마카로나드

Les gâteaux de fêtes
축제 케이크

• 단계별 레시피 •

Bûche au café
뷔슈 오 카페

6~8인분

준비: 45분 가열: 10분 + 5분
받침용 판지(24cm×8cm) 1장

재료
- **커피 시럽** 슈거파우더 100g, 커피 엑스트랙트 ½ts, 인스턴트 커피 1ts
- **제누아즈** 달걀흰자 3개 분량, 슈거파우더 115g, 달걀노른자 7개 분량, 체에 내린 밀가루 130g
- **이탈리안 머랭** 슈거파우더 60g, 달걀흰자 1개 분량
- **버터 크림** 우유 50㎖, 거칠게 빻은 커피 원두 1ts, 달걀노른자 1개 분량, 슈거파우더 20g, 인스턴트 커피 1ts, 버터 160g
- **장식** 커피빈 초콜릿 적당량

커피 시럽 만들기
물 100㎖에 슈거파우더를 풀어서 끓인 다음 커피 엑스트랙트와 인스턴트 커피를 섞어 시럽을 만든다.

제누아즈 만들기
178페이지 라즈베리 샤를로트 레시피를 참고한다.

1 달걀흰자에 슈거파우더를 조금씩 넣으면서 휘핑해 거품을 올린다. 여기에다 달걀노른자를 넣고 저속으로 휘핑해 고루 섞는다. 체에 내린 밀가루도 넣어 골고루 섞어 반죽한다.
2 오븐 팬에 유산지를 깐 다음 제누아즈 반죽을 붓고 평평하게 고른다. 180℃(온도조절기 6)로 예열한 오븐에 10분간 굽는다.

이탈리안 머랭 만들기
164페이지 오페라 레시피를 참고한다.

1 바닥이 두꺼운 작은 냄비에 물 1Ts과 슈거파우더를 넣고 121℃까지 끓여 시럽을 만든다. 시럽 온도를 측정할 당과용 온도계가 없다면 86페이지 레시피를 참고한다.
2 볼에 달걀흰자를 넣고 거품을 50% 정도 올린 상태에서 뜨거운 시럽을 조금씩 떨어뜨리며 중속으로 휘핑해 매끄럽고 윤이 나는 머랭을 완성한다.

응용: 커피 엑스트랙트 만드는 법
끓인 물 70㎖에 인스턴트 커피 15g을 넣고 잘 푼다. 넓은 프라이팬에 설탕 100g을 얇게 펼쳐놓고 중불에서 황금빛이 돌 때까지 가열해 캐러멜을 만든다. 이따금 팬을 돌려주되 주걱으로 젓지 않는다. 물에 풀어둔 커피를 캐러멜에 넣고 고루 섞는다. 약불에 올려 결정이 남지 않게 잘 저어서 농도가 잡히면 불에서 내린다. 충분히 식혀서 냉장 보관한다.

• 단계별 레시피 •

Bûche au café
뷔슈 오 카페

버터 크림 만들기
164페이지 오페라 레시피를 참고한다.

1 맨 먼저 우유를 한소끔 끓인 후 거칠게 빻은 커피 원두를 넣어 향을 우린다. 이것을 식혀서 차 여과기에 거른다.
2 볼에 달걀노른자, 슈거파우더를 넣어 고루 섞는다. 커피 향이 우러난 우유를 한 번 더 뜨겁게 데워서 이 혼합물에 붓는다.
3 냄비로 옮겨 인스턴트 커피를 넣고 아주 약한 불에서 5분 정도 가열해 크림을 만든다. 주걱으로 떴을 때 흘러내리지 않고 표면에 착 감기면 된다. 완성된 크림은 충분히 식힌다.
4 스탠드믹서에 버터를 넣고 부드럽게 푼 다음 식혀둔 크림을 조금씩 넣어가며 잘 섞어 버터 크림을 완성한다. 이탈리안 머랭에 이 버터 크림을 붓고 혼합해놓는다.

합체하기
1 뷔슈 오 카페를 만드는 데 필요한 재료와 도구를 준비한다.①
2 받침용 판지(24cm×8cm)를 이용해 제누아즈에서 24cm×40cm 정도의 직사각형을 잘라낸 다음② 널찍한 유산지나 수채화 용지에 올려놓는다.
3 잘라낸 제누아즈에 커피 시럽을 골고루 여러 번 바른다.③~④
4 커피 시럽 위에 버터 크림을 큰 덩이로 여러 덩이 덜어낸 다음⑤ 제누아즈 틀에 맞춰 평평하게 편다.⑥
5 유산지(또는 수채화 용지)를 이용해 단단하게 조이면서 만다.⑦
6 받침용 판지로 한 번 더 조인다.⑧
7 장작 모양의 뷔슈를 받침용 판지에 올리고⑨ 버터 크림을 두 군데 짜 올려 나뭇가지가 뻗어 나오는 느낌을 연출한다.⑩ 예시 사진에는 바닐라 버터 크림을 사용했지만, 레시피대로 커피 버터 크림을 사용해도 좋다.
8 짤주머니에 가급적이면 '뷔슈 전용' 원형 깍지를 끼운 다음 버터 크림을 넣고 뷔슈에 짜 올린다.⑪
9 나뭇결을 더 내고 싶으면 포크로 긋는다.
10 커피빈 초콜릿으로 마무리한다.⑫

Bûche Forêt-Noire
뷔슈 포레 누아르

8~10인분

준비: 1시간(이틀에 걸쳐 만들기) 가열: 10분 냉동 보관: 3시간 + 하룻밤
직사각형 케이크 틀(길이 28cm) 1개, 뷔슈 전용 틀(길이 30cm) 1개,
받침용 판지(완성된 뷔슈의 바닥면과 같은 크기) 1장

재료

- **시트** 밀가루 25g, 코코아파우더 25g, 아몬드 분말 40g, 버터 25g, 달걀 1개, 달걀노른자 1개 분량, 슈거파우더 100g, 달걀흰자 3개 분량
- **삽입물** 키르슈 시럽에 절인 체리 알맹이 150g, 차가운 액상 생크림(유지방 36% 이상) 350㎖, 아이싱슈거 30g
- **충전용 시럽** 슈거파우더 60g, 키르슈 시럽에 절인 체리의 키르슈 시럽 3Ts
- **초콜릿 무스** 슈거파우더 70g, 달걀노른자 4개 분량, 다크커버추어초콜릿 버튼 타입(또는 칼로 거칠게 다진 것) 250g, 차가운 액상 생크림(유지방 36% 이상) 350㎖
- **글라사주** 판 젤라틴 1½장, 뜨거운 물 1Ts, 액상 생크림(유지방 36% 이상) 3Ts, 슈거파우더 55g, 코코아파우더 1Ts

비스퀴 오 쇼콜라 시트 준비하기 (하루 전날)

1 밀가루, 코코아파우더, 아몬드 분말을 체에 내린다. 버터는 녹여서 식혀둔다. 오븐을 160℃(온도조절기 5~6)로 예열한다.

2 볼에 달걀, 달걀노른자, 슈거파우더 절반 분량(50g)을 넣고 크림처럼 부드럽게 푼 다음 식혀둔 버터를 넣고 고루 섞어 혼합물을 만든다.

Bûche Forêt-Noire
뷔슈 포레 누아르

3 달걀흰자에 슈거파우더 나머지 분량(50g)을 조금씩 넣어가며 휘핑해 거품을 올린 다음 혼합물에 넣고 실리콘 주걱으로 고루 섞는다. 마지막으로 체에 내린 가루 재료를 넣고 살살 섞어서 반죽한다.
4 제누아즈 틀에 유산지를 깔고 반죽을 붓는다. 오븐 온도를 180℃(온도조절기 6)로 올려 예열한 오븐에서 10분간 굽는다.
5 쇼콜라 시트를 충분히 식혀서 유산지를 벗긴다. 케이크 틀의 크기에 맞춰 직사각형 2개를 잘라낸다.

삽입물 준비하기
1 키친타월에 체리를 올려 키르슈 시럽을 거둬낸다.
2 작은 냄비에 슈거파우더, 물 3Ts, 키르슈 시럽을 넣고 끓인 다음 식힌다. 이 시럽은 충전용 시럽이다.
3 생크림을 휘핑하다가 거품이 일면 아이싱슈거를 넣고 휘핑해서 샹티이 크림을 만든다.
4 케이크 틀 바닥과 벽면에 랩을 깐다. 직사각형으로 잘라낸 시트를 바닥에 깔고 충전용 시럽을 바른다. 이번에는 샹티이 크림을 올린 다음 체리를 적당히 박아 넣는다. 두 번째 시트를 올리고 다시 한 번 충전용 시럽을 바른다. 표면을 랩으로 싸서 냉동실(최소 3시간 이상)에 보관했다가 마무리할 때 꺼낸다.

초콜릿 무스 준비하기
1 바닥이 두꺼운 작은 냄비에 물 3Ts, 슈거파우더를 넣고 119℃까지 끓여 시럽을 만든다.
2 스탠드믹서 볼에 달걀노른자를 넣고 휘핑한다. 중속으로 올린 후 뜨거운 시럽을 조금씩 넣으며 휘핑해서 부드럽게 크림화한다. 초콜릿은 중탕하거나 전자레인지에 가열해서 잘 녹인 뒤 식힌다. 생크림을 휘핑해 거품을 올린 다음 소량을 녹인 초콜릿에 넣어 거품이 꺼지지 않도록 실리콘 주걱으로 살살 섞다가 남은 분량을 다 넣고 섞는다. 이것을 크림화된 달걀노른자에 넣고 다시 한 번 섞는다.

3 케이크 틀에서 삽입물을 빼낸 뒤 뷔슈 틀보다 폭이 약간 작게 가장자리를 다듬는다. 뷔슈 틀에 종이호일 또는 랩을 깐 다음 준비해둔 초콜릿 무스의 절반을 깔고 그 위에 틀의 높이에 맞춰 삽입물을 얹는다. 남겨놓은 초콜릿 무스를 다 채우고 표면을 정리한 다음 냉동실에 하룻밤 이상 보관한다.

글라사주 만들기(당일)
1 젤라틴을 찬물에 10분간 불리고 건져서 뜨거운 물에 녹인다. 생크림에 물 1Ts과 슈거파우더를 넣고 끓인 다음 녹인 젤라틴과 코코아파우더를 넣어 고루 섞는다. 이 혼합물을 충분히 식혀서 핸드블렌더로 섞은 후, 식힘망에 받침용 판지를 깔아놓고 틀에서 빼낸 뷔슈에 살살 끼얹는다.
2 이 뷔슈를 다시 냉장고에 넣어뒀다가 세팅하기 전에 꺼내서 장식한다.

장식하기
대팻밥처럼 얇게 저민 초콜릿, 얇은 사각형 모양의 나폴리탄 초콜릿으로 장식하거나 키르슈에 절인 체리를 꼭지째 다크초콜릿에 담가 코팅한 것 등으로 장식한다.

응용: 키르슈 시럽에 절인 체리 만드는 법
밀폐 용기에 체리를 담고 시럽과 키르슈를 1:2 비율로 채워 2달간 저장한다.

• 단계별 레시피 •

발렌타인데이 케이크

준비: 1시간(이틀에 걸쳐 만들기) 냉동 보관: 6시간 가열: 10분
하트 모양 실리콘 틀 1개, 하트 모양 무스 틀 1개

재료
- **라즈베리 삽입물** 라즈베리 퓌레 250g, 슈거파우더 75g, 라즈베리 리큐어 1½Ts(선택 사항), 판 젤라틴 2장, 뜨거운 물 2Ts
- **시트** 아몬드 분말 30g, 달걀흰자 3개 분량, 아이싱슈거 30g, 슈거파우더 60g, 체에 내린 밀가루 20g
- **화이트초콜릿 무스** 달걀노른자 2개 분량, 옥수수 전분 30g, 슈거파우더 2ts, 우유 250㎖, 판 젤라틴 1장, 뜨거운 물 1Ts, 화이트커버추어초콜릿 버튼 타입(또는 칼로 거칠게 다진 것) 160g, 액상 생크림(유지방 36% 이상) 200㎖
- **글라사주** 액상 생크림(유지방 36% 이상) 80㎖, 판 젤라틴 ⅓장, 뜨거운 물 1Ts, 화이트커버추어초콜릿 버튼 타입(또는 칼로 거칠게 다진 것) 120g, 붉은색 액상 식용색소 몇 방울
- **장식** 라즈베리 몇 알, 아이싱슈거 적당량

라즈베리 삽입물 준비하기(하루 전날)
1 라즈베리 퓌레에 슈거파우더를 더해 약불에 뭉근히 끓인 다음 라즈베리 리큐어를 섞어 쿨리를 만든다.
2 젤라틴을 찬물에 10분간 불리고 건져서 뜨거운 물에 녹인다. 녹인 젤라틴을 뜨거운 상태의 쿨리에 섞는다. 이것을 하트 모양 실리콘 틀에 붓고 냉동실에 3시간 이상 넣어둔다.

비스퀴 플루가스텔 시트 준비하기
1 비스퀴 플루가스텔 시트를 만드는 데 필요한 재료와 도구를 준비한다.①
2 믹싱볼에 아몬드 분말, 달걀흰자 1개 분량, 아이싱슈거를 넣고 실리콘 주걱으로 고루 섞어 1차 혼합물을 만든다.②
3 나머지 달걀흰자 2개 분량을 휘핑하다가 거품이 일면 슈거파우더를 조금씩 넣으며 휘핑해 풍성하게 거품을 올린다.③
4 거품 올린 흰자를 1차 혼합물에 넣어 고루 섞는다.④
5 체에 내린 밀가루도 넣어 반죽한 다음⑤ 원형 깍지를 끼운 짤주머니에 넣는다.
6 오븐 팬에 유산지를 깔고 하트 모양 무스 틀을 올린 후 무스 틀을 따라 시트 반죽을 짜 넣는다.⑥ 180℃(온도조절기 6)로 예열한 오븐에 10분간 굽는다. 충분히 식힌 다음 틀에서 빼낸다.

• 단계별 레시피 •

Saint-valentin
발렌타인데이 케이크

화이트초콜릿 무스 준비하기

1 믹싱볼에 달걀노른자, 옥수수 전분, 슈거파우더를 넣고 거품기로 고루 섞는다.⑦
2 뜨겁게 데운 우유를 붓고 덩어리지지 않게 잘 푼다.⑧
3 냄비에 옮겨 담고 아주 약한 불에서 잘 휘저어 크림을 만드는데 주걱으로 떴을 때 착 감겨야 한다.⑨
4 젤라틴을 찬물에 10분간 불려서 건진 다음 뜨거운 물에 녹인다. 준비해둔 크림에 녹인 젤라틴을 넣어 고루 섞는다. 믹싱볼에 초콜릿을 담고 그 위에 젤라틴 섞은 크림을 부어 섞어준다.⑩~⑪ 이 혼합물을 충분히 식힌 다음 거품 올린 생크림을 넣고⑫ 살살 섞어 무스를 완성한다.
5 무스가 굳기 전에 합체를 시작한다.

합체하기

1 케이크를 합체하는 데 필요한 재료와 도구를 준비한다.⑬
2 완성용 플레이트에 하트 모양 무스 틀을 올리고 비스퀴 플루가스텔 시트를 바닥에 깐다. 짤주머니에 큼직한 원형 깍지를 끼우고 화이트초콜릿 무스를 넣은 다음 시트 테두리와 가운데 부분에 무스를 짠다.⑭
3 얼려둔 하트 모양 라즈베리 삽입물을 무스 위에 얹는다.⑮
4 남겨놓은 무스를 틀에 가득 채워 넣고⑯ 표면을 매끈하게 정리한다.⑰ 완성한 무스 케이크를 냉동실에 2~3시간 넣어둔다.

글라사주 만들기(당일)

1 생크림을 뜨겁게 데운다. 젤라틴을 찬물에 10분간 불리고 건져서 뜨거운 물에 녹인다. 녹인 젤라틴을 생크림에 넣고 고루 섞어 1차 혼합물을 만든다.
2 믹싱볼에 화이트초콜릿을 담고 1차 혼합물을 붓는다.⑱
3 몇 분간 휴지시킨 후 핸드블렌더로 고루 섞어 글라사주를 완성한다.⑲
4 하트 모양 무스 케이크를 식힘망에 올려 무스 틀을 들어내고⑳ 글라사주를 골고루 끼얹는다.㉑
5 글라사주에 붉은색 액상 식용색소를 몇 방울 떨어뜨리고㉒ 팔레트로 대리석 무늬를 연출한다.㉓ 219페이지 사진처럼 핑크빛 글라사주를 만들 수도 있다.
6 아이싱슈거를 뿌린 라즈베리로 장식하고㉔ 식힘망에 올린 채로 냉장고에 넣어둔다. 글라사주가 굳으면 완성용 플레이트로 옮겨 담는다.

• 단계별 레시피 •

Saint-valentin
발렌타인데이 케이크

Galette des rois
갈레트 데 루아

6~8인분

준비: 20분(파트 퓌유테 만드는 시간 제외) 가열: 40분

재료
- **기본 반죽** 직접 만든 파트 퓌유테(또는 시판 생지) 800g, 달걀노른자 1개 분량
- **아몬드 크림** 버터 100g, 슈거파우더 100g, 달걀 2개, 아몬드 분말 100g, 옥수수 전분 1Ts, 럼 1Ts

아몬드 크림 만들기
스탠드믹서 볼에 버터와 슈거파우더를 넣고 휘핑해 크림처럼 부드럽게 푼다. 나머지 재료를 순서대로 넣고 고루 섞어 아몬드 크림을 만든다.

Tip 파트 퓌유테(퍼프 페이스트리) 만드는 법은 144페이지 레시피를 참고하세요.

갈레트 만들기
1 오븐을 190℃(온도조절기 6~7)로 예열한다. 파트 퓌유테 반죽을 3mm 두께로 밀어서 지름 24cm의 원반 모양을 2개 잘라낸다.

2 오븐 팬에 유산지를 깔고 반죽 하나를 깐다. 테두리에서 2cm 안쪽까지 아몬드 크림을 깐 다음 잠두콩을 한 알 올린다. 달걀노른자에 물 1Ts을 넣고 잘 풀어서 갈레트 테두리에 솔로 바른다. 나머지 반죽을 올려 덮는다. 가장자리 이음 부분을 손가락으로 꼬집어 접합한 다음 표면에 노른자 물을 듬뿍 바른다.

3 잘 드는 면도날로 반죽 표면에 자유자재로 빗금을 긋는다. 이때 깊숙이 찌르면 반죽이 갈라질 수 있으니 주의한다. 갈레트를 예열한 오븐에 40분간 굽는다.

Galette des rois au chocolat et aux noix de pécan

초콜릿과 피칸을 넣은 갈레트 데 루아

6~8인분

준비: 20분(파트 푀유테 만드는 시간 제외) 가열: 40분

재료

- **기본 반죽** 직접 만든 파트 푀유테(또는 시판 생지) 800g, 잘게 다진 피칸 125g, 달걀노른자 1개 분량
- **아몬드 크림** 밀크초콜릿 150g, 버터 80g, 슈거파우더 80g, 달걀 2개, 아몬드 분말 80g, 옥수수 전분 1Ts

아몬드 크림 만들기

초콜릿을 중탕하거나 전자레인지에 돌려 녹인다. 스탠드믹서 볼에 버터와 슈거파우더를 넣고 휘평해 크림처럼 부드럽게 푼다. 달걀, 아몬드 분말, 옥수수 전분, 녹인 초콜릿을 순서대로 넣고 골고루 섞어 아몬드 크림을 만든다.

Tip 파트 푀유테(퍼프 페이스트리) 만드는 법은 144페이지 레시피를 참고하세요.

갈레트 만들기

1 오븐을 190℃(온도조절기 6~7)로 예열한다. 반죽을 3mm 두께로 밀어서 한 변이 22cm인 정사각형 2개를 잘라낸다. 오븐 팬에 유산지를 깔고 첫 번째 반죽을 깐다. 테두리에서 2cm 여유를 두고 아몬드 크림을 깐다. 잘게 다진 피칸을 뿌리고 잠두콩을 한 알 얹는다. 달걀노른자에 물 1Ts을 넣고 잘 풀어서 갈레트 테두리에 솔로 바른다. 두 번째 반죽을 올려 덮는다. 이때 가장자리 이음 부분을 손가락으로 꼬집어 접합한 다음 갈레트 표면에 노른자 물을 듬뿍 바른다.

2 잘 드는 면도날로 반죽 표면에 자유자재로 금을 긋는다. 깊숙이 찌르면 반죽이 갈라질 수 있으니 주의한다. 예열한 오븐에 40분간 굽는다.

Nid de Pâques
부활절 새 둥지 케이크

6~8인분

준비: 1시간 냉동 보관: 4시간 가열: 5분+12분 냉장 보관: 3시간
원형 실리콘 틀(지름 18cm) 1개, 무스 링(지름 20cm) 1개
원형 받침용 판지(지름 20cm) 1개

재료

- **삽입용 초콜릿 크림** 달걀노른자 1개 분량, 슈거파우더 1Ts, 우유 50㎖, 액상 생크림(유지방 36% 이상) 50㎖, 다크커버추어초콜릿 버튼 타입(또는 칼로 거칠게 다진 것) 55g
- **새 둥지 모형** 화이트커버추어초콜릿 버튼 타입(또는 칼로 거칠게 다진 것) 300g
- **시트** 달걀 2개, 슈거파우더 115g, 체에 내린 코코아파우더 20g
- **글라사주** 판 젤라틴 1장, 다크커버추어초콜릿 버튼 타입(또는 칼로 거칠게 다진 것) 50g, 밀크커버추어초콜릿 버튼 타입(또는 칼로 거칠게 다진 것) 25g, 액상 생크림(유지방 36% 이상) 50㎖, 뜨거운 물 2Ts, 나파주 미로와 100g
- **초콜릿 무스** 판 젤라틴 4장, 슈거파우더 190g, 달걀노른자 10개 분량, 뜨거운 물 1Ts, 다크커버추어초콜릿 버튼 타입(또는 칼로 거칠게 다진 것) 55g, 밀크커버추어초콜릿 버튼 타입(또는 칼로 거칠게 다진 것) 50g, 액상 생크림(유지방 36% 이상) 100㎖
- **장식** 알 모양의 부활절 초콜릿 몇 개

삽입용 초콜릿 크림 준비하기(하루 전날)

1 먼저 슈거파우더는 스푼에 채운 뒤 평평하게 깎아서 계량해 준비한다.

2 볼에 슈거파우더와 달걀노른자를 넣고 거품기로 부드럽게 푼다. 우유와 생크림을 뜨겁게 데운 다음 노른자에 붓고 뭉치지 않게 계속 휘저어 고루 섞는다. 냄비로 옮겨 아주 약한 불에서 5분 정도 줄기차게 휘저어 크림을 만든다. 이 크림은 주걱으로 떴을 때 흘러내리지 않고 표면에 착 감겨야 한다.

3 믹싱볼에 초콜릿을 담고 그 위에 준비한 크림을 부어 윤이 나게 섞는다. 한 김 식으면 핸드블렌더로 골고루 섞는다. 원형 실리콘 틀에 부어서 냉동실에 최소 3시간 이상 넣어둔다.

새 둥지 모형 준비하기

1 유산지에 지름 18cm짜리 원을 그린 다음 오븐 팬에 깐다.

2 중탕할 냄비에 물을 끓이고 불을 끈다. 믹싱볼에 초콜릿을 담아 냄비에 넣고(물이 믹싱볼 안에 닿지 않게 주의) 랩으로 덮어둔다. 주걱으로 젓지 않고 그대로 녹여야 한다. 초콜릿이 부드럽게 풀리면 살짝만 저어준다.

3 짤주머니에 구멍이 아주 좁은 깍지를 끼우고 녹인 초콜릿을 넣은 다음 유산지에 자연스러운 곡선 느낌이 나게 원을 그린다. 원을 켜켜이 쌓아 올려 새 둥지 모양(231페이지 사진 참조)을 만든다. 이 모형을 냉장고에 넣어뒀다가 합체할 때 꺼낸다.

Nid de Pâques

부활절 새 둥지 케이크

비스퀴 오 쇼콜라 시트 준비하기

1 오븐을 220℃(온도조절기 7~8)로 예열한다.

2 달걀을 깨서 흰자와 노른자를 분리한다. 먼저 흰자를 휘핑해 거품이 50% 정도 올라오면 슈거파우더 절반(57.5g)을 넣고 매끈해질 때까지 거품을 충분히 올린다. 노른자는 나머지 슈거파우더(57.5g)와 함께 휘핑해서 부드럽게 푼 다음 코코아파우더를 넣고 고루 섞는다. 여기에 거품 올린 흰자를 넣고 잘 휘는 실리콘 주걱으로 살살 섞어 반죽한다.

3 오븐 팬에 유산지를 깔고 시트 반죽을 올려 예열한 오븐에 12분간 굽는다.

글라사주 준비하기

1 젤라틴은 찬물에 10분간 불린다. 다크초콜릿과 밀크초콜릿은 믹싱볼에 담는다. 생크림은 한소끔 끓인다.

2 불린 젤라틴을 건져 뜨거운 물에 녹인 다음 생크림에 넣고 잘 풀어서 초콜릿에 붓는다.

3 이 혼합물을 핸드블렌더로 골고루 섞어준 다음 나파주 미로와를 넣고 매끈하게 섞어서 냉장고에 넣어둔다.

Tip 나파주 미로와는 인터넷이나 제과용품 전문점에서 구매할 수 있습니다.

초콜릿 무스 만들기 (당일)

1 젤라틴을 찬물에 10분간 불린다. 바닥이 두꺼운 작은 냄비에 물 50ml와 슈거파우더를 넣고 121℃까지 끓여 시럽을 만든다. 시럽 온도를 측정할 당과용 온도계가 없다면 86페이지 레시피를 참고한다.

2 볼에 달걀노른자를 넣고 살짝 휘핑해서 조직을 푼다. 속도를 중속으로 올린 다음 준비해둔 뜨거운 시럽을 조금씩 흘려 넣으며 휘핑해서 부드럽게 크림화한다. 불린 젤라틴을 건져서 뜨거운 물에 녹인 후 크림화된 노른자에 넣고 고루 섞어 1차 혼합물을 만든다.

3 2가지 초콜릿은 중탕하거나 전자레인지에 돌려 녹인 다음 식힌다. 생크림을 휘핑해 거품을 올린 후 일단 조금만 덜어 초콜릿에 넣는다. 거품이 꺼지지 않도록 잘 휘는 실리콘 주걱으로 살살 쓸어 올리며 섞어서 남은 분량을 마저 넣고 골고루 섞어 2차 혼합물을 만든다. 1차 혼합물에 2차 혼합물을 섞어 초콜릿 무스를 완성한다.

4 무스 링으로 비스퀴 오 쇼콜라 시트를 눌러 원반 모양을 찍어낸다. 받침용 판지에 무스 링을 얹고 쇼콜라 시트를 바닥에 깐다. 냉동실에 굳혀둔 초콜릿 크림을 원형 실리콘 틀에서 빼내 시트 위에 올린다. 그 위에 초콜릿 무스를 펴 바르고 냉동실에서 1시간 굳힌다.

5 알맞게 굳은 케이크를 식힘망에 올려놓고 무스 링을 들어낸다. 글라사주를 냉장고에서 꺼내 중탕으로 녹여서 케이크에 골고루 끼얹는다.

6 이 케이크를 다시 냉장고에 넣어 최소 3시간 이상 굳혔다가 꺼낸다. 세팅하기 직전에 새 둥지 모형을 살며시 얹고 알 모양의 부활절 초콜릿으로 장식한다.

Les gâteaux sans gluten
글루텐 프리 케이크와 쿠키

Cake à la pistache sans gluten
글루텐 프리 피스타치오 케이크

6~8인분

준비: 10분 가열: 30분
직사각형 파운드케이크 틀(길이 22~24cm)

재료

- 반죽

버터 100g
달걀 4개
슈거파우더 120g
아몬드 분말 25g
피스타치오 페이스트 50g
쌀가루 120g
베이킹파우더 ½ts

- 토핑

잘게 다진 피스타치오 30g

케이크 만들기

1 오븐을 165℃(온도조절기 5~6)로 예열한다. 버터는 미리 녹여둔다. 달걀은 흰자와 노른자를 분리한다. 노른자와 슈거파우더를 함께 휘핑해 부드럽게 푼다. 여기에 녹인 버터, 아몬드 분말, 피스타치오 페이스트를 넣고 계속 휘핑한다. 쌀가루와 베이킹파우더도 넣고 잘 어우러지도록 휘핑해서 1차 혼합물을 만든다.

2 이번에는 흰자를 휘핑해 뽀얗게 거품을 올린 다음 1차 혼합물에 넣고 실리콘 주걱으로 살살 섞어서 반죽한다.

3 케이크 틀에 버터를 얇게 펴 바르고 쌀가루를 살짝 뿌린다. 준비해놓은 반죽을 붓고 잘게 다진 피스타치오를 뿌려서 예열한 오븐에 30분 정도 굽는다.

Cookies au chocolat et graines de sésame sans gluten
글루텐 프리 초콜릿 참깨 쿠키

18개 분량

준비: 15분 가열: 10~12분

재료

• 반죽

쌀가루 190g + 감자전분 90g

베이킹파우더 5g

아몬드 분말 25g

소금 1ts

실온에서 말랑해진 버터 220g

비정제 흑설탕 275g

달걀 2개

다크커버추어초콜릿 버튼 타입(또는 칼로 거칠게 다진 것) 260g

• 토핑

참깨 90g

초콜릿 참깨 쿠키 만들기

1 믹싱볼에 쌀가루, 감자전분, 베이킹파우더, 아몬드 분말, 소금을 섞는다. 이때 소금은 스푼에 채운 뒤 평평하게 깎아서 계량해 쓴다.

2 스탠드믹서 볼에 버터와 흑설탕을 넣고 휘핑해서 크림처럼 부드럽게 풀어준다. 달걀을 넣어 한 번 더 휘핑한다. 앞에서 준비해놓은 가루 재료를 넣고 고루 섞어서 1차 혼합물을 만든다.

3 초콜릿을 중탕하거나 전자레인지에 돌려 녹인 다음 식히지 말고 뜨거운 상태로 1차 혼합물에 붓는다. 잘 섞어서 반죽한다.

4 오븐을 160℃(온도조절기 5~6)로 예열한다. 오븐 팬에 유산지를 깔고 아이스크림 스쿱을 이용해 공 모양으로 반죽을 떠서 올린다. 이때 반죽 사이를 여유 있게 띄운다. 아이스크림 스쿱을 이용해서 반죽을 뜨면 일정한 양을 뜰 수 있다.

5 쿠키 반죽 위에 참깨를 뿌린 다음 반죽 크기에 따라 예열한 오븐에 10~12분간 굽는다. 테두리는 바삭바삭하고 가운데는 몰랑몰랑해야 한다.

6 다 구운 쿠키는 식힘망에 올려 식힌다. 쿠키는 바삭바삭함이 생명이니 수분이 잘 날아가야 한다.

Cookies au muesli sans gluten
글루텐 프리 뮈슬리 쿠키

쿠키
18개 분량

준비: 10분 가열: 10~12분

재료

• 반죽

쌀가루 210g + 감자전분 105g + 메밀가루 210g

베이킹파우더 5g

아몬드 분말 20g

소금 2꼬집

실온에서 말랑해진 버터 300g

올리브 오일 50g

비정제 흑설탕 360g

달걀 2개

건포도 200g

작은 주사위 꼴로 자른 건살구 100g

• 토핑

각종 씨앗류 90g

뮈슬리 쿠키 만들기

1 먼저 믹싱볼에 쌀가루, 감자전분, 메밀가루, 베이킹파우더, 아몬드 분말, 소금을 섞는다.

2 스탠드믹서 볼에 버터와 올리브 오일, 흑설탕을 넣고 휘핑해서 크림처럼 부드럽게 푼다. 달걀을 넣고 한 번 더 휘핑한다. 여기에 가루 재료를 넣고 혼합한 다음 건과일을 넣어 손으로 치대 반죽한다.

3 오븐을 160℃(온도조절기 5~6)로 예열한다. 오븐 팬에 유산지를 깔고 아이스크림 스쿱을 이용해 공 모양으로 반죽을 떠서 오븐 팬에 올린다. 이때 반죽 사이를 여유 있게 띄운다.

4 쿠키 반죽 위에 씨앗(참깨, 해바라기씨, 호박씨 등)을 뿌린 다음 반죽 크기에 따라 예열한 오븐에 10~12분 간 굽는다. 테두리는 바삭바삭하고 가운데는 몰랑몰랑해야 한다.

5 잘 구운 쿠키는 충분히 식혀서 유산지를 떼낸다.

Cake au chocolat et aux noisettes sans gluten
글루텐 프리 초콜릿 헤이즐넛 케이크

6~8인분

준비: 10분 가열: 25분
직사각형 파운드케이크 틀(길이 22~24㎝)

재료

• 반죽
슈거파우더 70g
달걀 4개
버터 70g
다크초콜릿 200g
쌀가루 70g
초콜릿 칩 50g

• 글라사주
다크커버추어초콜릿 90g
버터 30g

• 토핑
헤이즐넛(또는 잘게 다진 아몬드) 50g

케이크 만들기

1 오븐을 165℃(온도조절기 5~6)로 예열한다. 믹싱볼 또는 스탠드믹서 볼에 슈거파우더와 달걀을 넣고 몇 분간 저속으로 휘핑해서 부드럽게 크림화한다.

2 버터와 초콜릿을 중탕하거나 전자레인지에 녹인 다음 크림화된 달걀과 혼합한다. 여기에 쌀가루를 넣고 잘 어우러지게 섞는다. 마지막으로 초콜릿 칩을 넣고 주걱으로 고루 섞어 반죽한다.

3 파운드케이크 틀에 버터를 얇게 펴 바르고 쌀가루를 살짝 뿌린 다음 반죽을 부어 예열한 오븐에 25분 정도 굽는다.

4 식힘망에 올려 식힌다. 초콜릿과 버터를 녹여 글라사주를 만들어 케이크 표면에 골고루 끼얹는다.

5 완성한 케이크 위에 잘게 다진 헤이즐넛이나 아몬드를 뿌려 마무리한다.

Moelleux au chocolat sans gluten
글루텐 프리 므왈르 오 쇼콜라

★★★
6~8인분

준비: 10분 가열: 크기에 따라 13분 또는 18분
원형 케이크 틀(지름 18㎝) 1개 또는 1인용 원형 케이크 틀(지름 8㎝) 6개

재료
• 반죽
커버추어초콜릿(카카오 함량 70%) 200g
버터 70g
달걀 4개
슈거파우더 70g
쌀가루 70g

쇼콜라 만들기

1 오븐을 150℃(온도조절기 5)로 예열한다. 믹싱볼에 초콜릿을 넣고 전자레인지에 2분간 돌려 녹인다. 버터도 전자레인지에 1분간 돌려서 녹인다.

2 달걀과 슈거파우더를 휘핑해서 뽀얗게 거품을 올린다. 녹인 초콜릿과 거품 낸 달걀을 섞은 다음 쌀가루를 넣고 고루 섞어 반죽한다.

3 케이크 틀에 버터를 얇게 펴 바르고 쌀가루를 뿌린다. 실리콘 틀이라면 이 과정을 생략한다. 준비한 반죽을 케이크 틀에 붓고 예열한 오븐에 18분 정도(1인용 틀은 13분) 굽는다.

4 식힘망에 올려 충분히 식혀서 틀에서 빼낸 다음 완성용 플레이트에 올린다.

Glossaire
제과 용어

 ㄱ

갈레트(La galette des Rois) 왕의 과자라는 뜻. 예수 세례일인 1월 6일 주현절을 기념해 만들며, 속에 잠두콩이나 작은 도자기 인형을 넣어두고 찾아낸 사람에게 왕관을 씌워주는 풍습이 있다.

갸토 바스크(Gâteaux Basque) 바삭한 타르트 껍질 속에 녹진한 아몬드 크림을 채우고 럼으로 향긋함을 더한 프랑스 남서부 바스크(Basque) 지방의 전통 과자.

과일 콩피(fruit confit) 과일을 시럽에 조려 말린 것. 체리, 자두, 살구, 금귤, 대추, 열대과일 등의 콩피를 기호에 맞게 섞어서 사용한다.

그랑 마니에(Grand Manier®) 오렌지 농축액과 코냑으로 만든 증류주.

글라사주(glaçage, icing) 과자에 얇은 막을 씌워 광택을 더해주는 설탕 혼합물. 설탕과 기타 재료를 물에 녹여 끓인 후 식혀서 만든다.

꺄트르 에피스(quatre-epices) 4가지 향신료로 구성된 분말 제품. 가정에서는 생강(또는 계피), 클로브, 넛맥, 후추를 동일한 비율로 섞어서 써도 된다.

 ㄴ

나파주(nappage) 살구잼을 체에 걸러 펙틴을 첨가해 만든 젤리. 타르트 표면에 바르면 광택을 더해주고 과일을 촉촉하게 유지해준다. 물에 희석해서 한소끔 끓인 뒤 식혀서 사용한다.

나파주 미로와(nappage miroir) 일반적인 나파주는 물에 희석해서 끓였다가 식혀서 사용하지만, 나파주 미로와는 차가운 상태에서 바로 사용한다.

누가틴(nougatine) 설탕을 캐러멜화해서 견과류와 버터를 섞은 뒤 모양을 내 굳힌 것.

 ㄷ

디아망(Diamant) 버터의 농후한 풍미가 살아 있는 비스킷. 설탕을 입혀 구워서 다이아몬드처럼 광채를 띤다고 하여 붙여진 이름.

 ㄹ

랑그 드 샤(Langue de chat) 프랑스어로 '고양이 혀'라는 뜻. 납작하고 길쭉하게 양 끝을 둥글려 만들며, 달걀흰자를 많이 넣어 바삭한 비스킷. 유럽 전역에서 17세기부터 먹었다는 기록이 있다.

레몬 콩피(lemon confit) 레몬 껍질을 삶아 시럽에 조린 것. 레몬 필(lemon peel)로 불린다.

를리지외즈(Religieuse) 글라사주를 입힌 모습이 두건을 쓴 '수녀'를 닮았다고 하여 붙여진 이름. 슈 반죽을 굽고 속에 크렘 파티시에르를 채워 만드는데 모양만 다를 뿐 에클레르와 만드는 방식이 같다. 몸통을 머리의 2배로 만들고 버터 크림으로 머리 부분을 붙여준다.

 ㅁ

마들렌(Madeleine) 프랑스에서 즐겨 먹는 간식용 과자. 프랑스 북동부 로렌(Lorraine) 지역의 요리사 마들렌 포미에가 가리비 껍데기에 반죽을 넣어 구운 것이 최초. 제2차 세계대전 때 로렌 지방 철도역에서 간식거리로 판매하면서 널리 알려지게 되었다.

말리부 리큐르(Malibu®) 코코넛과 럼으로 만든 증류주.

무스 링, 무스 틀 바닥이 없고 옆면만 있는 틀.

뮈슬리(Muesli) 곡물, 건과일, 견과류, 씨앗류 등을 혼합한 것. 시리얼이나 쿠키 재료로 이용한다.

므랑그(Meringue) 17세기 말 프랑스 요리책에 '므랑그'라는 쿠키가 최초로 소개되었다는 설이 있다. 구운 색이 나지 않게 저온에서 오래 구우며 눅눅하지 않고 바삭한 질감이어야 한다.

므왈르 오 쇼콜라(moelleux au chocolat) 퐁당 오 쇼콜라, 초콜릿 라바 케이크처럼 속에서 초콜릿 소스가 녹아내리는 촉촉하고 부드러운 케이크.

밀푀유(Millefeuille) '천 겹의 잎사귀'라는 뜻. 켜켜이 결이 형성된 파트 퓨유테 시트를 3단으로 쌓고 그 사이에 크렘 파티시에르를 넣어 만든다. 천 겹은 단순한 비유가 아니라 실제로 시트 3장을 합치면 최대 2048개의 층이 만들어질 수도 있다. 유럽, 미국 등에서는 '나폴레옹'이라고 불린다.

 ㅂ

베리류 딸기, 라즈베리, 크랜베리, 블루베리, 블랙베리, 블랙커런트 등을 지칭.

베이크 블라인드(bake blind, cuisson à blanc) 타르트 시트를 구울 때 부풀어 오르는 것을 막기 위해 반죽에 콩·팥 등을 깔고 구워내는 방법.

뷔슈 드 노엘(Bûche de noël) 뷔슈는 프랑스어로 '장작'이라는 뜻. 프랑스에서 성탄절에 먹는 케이크로, 롤케이크에 버터 크림을 발라 장작 모양으로 만든다.

뷔슈 전용 틀 빗물받이 홈통처럼 생긴 바닥이 볼록한 직사각형 틀.

비스퀴 아 라 퀴이에르(Biscuit à la cuillère) 샤를로트, 티라미수 등을 만들 때 시트로 쓰이는 겉은 바삭하고 속은 폭신한 케이크. 숟가락(퀴에르) 2개를 이용해 반죽을 성형한 데서 이름이 유래했으며, 프랑스 앙리 2세의 왕비 카트린 드 메디시스의 요리사들이 개발했다. 바탕 케이크의 일종으로 제조법과 용도에 따라 제누아즈, 비스퀴,

사블레, 스폰지, 시폰 등으로 나뉜다.
비스퀴 플루가스텔(biscuit plougastel) 케이크나 타르트의 시트로 사용하거나 그 자체로 비스킷처럼 즐길 수 있다. 겉은 바삭바삭하고 속은 몰랑한 질감이다.

사블레 브르통(Sablé Breton) 유제품과 과자로 유명한 프랑스 북서부 브르타뉴(Bretagne) 지방에서 유래한 타르트 기본 반죽. 모래처럼 바슬바슬한 것은 파트 사블레와 비슷하지만 버터, 설탕, 달걀노른자의 비중이 더 높아 풍미가 농후하다.
생토노레(Saint Honoré) 제빵의 수호성인 오노레 다미엥(Honoré d'Amiens)의 이름을 딴 고급 과자. 파트 푀유테에 파트 아 슈를 깔아 구운 뒤 크렘 파티시에르를 채운 슈를 둘레에 두르고 샹티이 크림으로 촘촘히 메워서 장식한다.
샤를로트(Charlotte) 비스퀴, 제누아즈 등의 시트를 띠 모양으로 만들어 울타리처럼 두르고 그 안에 무스나 크림, 과일, 초콜릿을 채워 만든다.
샹티이(chantilly) 생크림을 휘핑해서 단단하고 풍성하게 거품을 올린 것.
쉭세(Succés) 20세기 초 프랑스 남서부에서 유래한 케이크. 유명 파티시에 가스통 르노트르(Gaston Lenôtre)가 1950년대에 본격적으로 상품화했다. 겉은 바삭거리고 속은 폭신한 머랭 케이크인 다쿠아즈를 기본으로 만든다.
슈 깍지 뾰족한 주입기로 구멍을 뚫어서 충전물을 짜 넣는 깍지.
슈케트(Chouquette) 귀여운 방울양배추 모양의 슈(chou)에 반짝거리는 펄슈거가 박혀 있어 파삭파삭 씹는 맛이 좋은 한입 과자.
스위스 머랭 중탕하면서 흰자를 휘핑해 거품을 일으키는 방식. 중탕할 때 발생하는 뜨거운 증기가 흰자의 거품을 단단하게 잡아준다.

에클레르(Éclair) 프랑스어로 번개를 뜻하는 에클레르는 19세기 중반까지는 '공작부인의 빵'으로 불렸다. 막대 모양의 슈 속에 크렘 파티시에르를 응용한 크림을 채우고 표면에 반들반들한 글라사주를 입혀 장식한다.
오렌지 콩피(orange confit) 오렌지 껍질을 삶아 시럽에 조린 것. 오렌지 필(orange peel)로 불린다.
오페라(Opéra) 프랑스 유명 베이커리에서 파리 오페라 극장 프리마 발레리나에게 헌정하기 위해 고안한 케이크. 비스퀴, 커피 시럽, 버터 크림, 초콜릿 가나슈를 층층이 쌓고 초콜릿 글라사주로 광택을 더해 만든다.

커스터드 파우더(custard powder, poudre à flan) 옥수수 전분, 바닐라향, 황색 색소로 구성된 분말. 크림의 점도를 높여주는 재료.
코크(Coque) 마카롱의 바탕이 되는 동글납작한 껍데기 부분. 코크 한쪽에 필링을 바른 다음 다른 코크를 맞닿게 붙이면 마카롱이다.
쿠글로프(Kouglof) 프랑스 동북부 알자스(Alsace) 지방의 명물 과자. 쿠겔호프(Kugelhupf), 크리스마스 케이크로도 불린다. 맥주 원료인 홉으로 발효시키며 건과일을 넣어 달콤쌉싸름한 맛이 특징이다.
크레페 조각(pailleté feuilletine) 크림, 무스, 초콜릿 등에 바삭거리는 식감을 주기 위해 넣는 크레페 부스러기.
크렘 레제르(Crème légere) 프랑스어로 '가벼운 크림'이라는 뜻. 크렘 파티시에르(커스터드 크림)에 거품을 낸 크림을 섞어 한층 산뜻하다.
크렘 프랄리네(crème pralinée) 크렘 파티시에르에 프랄린과 버터, 생크림을 섞어 고소함이 배가된 크림.
클라푸티(clafoutis) 주로 과일이 들어간 프랑스 사람들이 즐겨 먹는 간단한 전통 디저트.
키르슈(kirsch) 체리로 만든 브랜디.

타르트 몽주(Tarte Monge) 아몬드 향이 고소한 타르트 시트에 상큼한 프로마주 블랑 크림을 깔고 새콤달콤한 과일 쿨리를 얹은 에릭 케제르 대표 타르트. 메종 케제르가 최초로 문을 연 몽주 거리에서 유래했다.
타르트 타탕(Tarte Tatin) 19세기 말 프랑스 중서부 루아르(Loire) 지방에서 타탕 호텔을 운영하던 타탕 자매는 사과 타르트를 만들던 중 반죽을 깔지 않고 사과만 굽고 말았다. 실수를 만회하고자 사과 위에 반죽을 덮어서 구워낸 것이 오히려 호평을 얻어 '타르트 타탕'이라는 메뉴로 자리 잡았다. 미식가 퀴르농스키 책에 회자되고 레스토랑 맥심의 메뉴에 오르면서 유명세를 떨치게 되었다.
투 쇼코(Tout choco) 시트에서 크림, 무스, 글라사주, 장식까지 온통 초콜릿을 재료로 만들어 깊고 진한 초콜릿 풍미를 오롯이 느낄 수 있는 케이크.
튀일(Tuiles) 프랑스어로 '기와'라는 뜻. 기왓장처럼 살짝 휜 모양으로 만든다. 질감이 바삭하고 맛이 고소하며 아이스크림을 비롯한 디저트에 장식해도 좋다.

파리 브레스트(Paris Brest) 1910년 유명 제과점 '라 투르 드 델리스'의 파티시에가 파리-브레스트 구간 자전거 경주 '투르 드 프랑스'에서 영감을 받아 자전거 타이어를 본 따 만든 과자. 바삭한 슈와 고소한 프랄린 크림이 절묘한 조화를 이룬다.
파트 사블레(Pâte sablée) 타르트 시트로 사용되는 타르트 기본 반죽 가운데 하나. 사블레(sablé)는 '모래가 깔린'이라는 뜻이고 파트(pâte)는 '반죽'을 뜻한다. 구웠을 때 모래밭처럼 바슬바슬한 질감이 나는 것이 특징이다.
파트 아 슈(pâte à choux) 제과의 기본 반죽 중 하나. 구우면 양배추(슈)처럼 부풀어 오른다. 양배추, 막대, 왕관 등의 형태로 구워 속에 크림을 채우거나 표면에 글라사주를 입혀 다양한 과자를 만든다. 반죽 자체나 완성된 과자를 의미한다.

파트 푀유테(Pâte feuilletée, puff pastry) 밀가루 반죽으로 버터를 감싸서 밀고 접는 과정을 되풀이하여 만드는 제과의 기본 반죽 가운데 하나. 겹겹이 결이 살아 있어 바삭한 식감을 즐길 수 있다. 밀푀유, 크루아상 등에 이용한다.

팔레트(palette) 크림, 글라사주 등을 발라서 평평하게 정리할 때 사용하는 길고 납작한 직사각 형태의 도구. 끝이 둥글고 손잡이가 달려 있다.

팡 데피스(Pain d'épices) 프랑스 중부 부르고뉴 지역 디종(Dijon)에서 유래한 케이크. 향신료 꿀이 듬뿍 들어가 향기롭고 녹진하며 쉽게 변질되지 않는다.

포레 누아르(forêt noire) 독일에서 유래한 '검은 숲'이라는 뜻의 케이크. 초콜릿 시트, 생크림, 체리를 켜켜이 쌓아 만든다. 포레 누아르에 초콜릿 무스를 덮어 장작 형태로 만든 것이 '뷔슈 포레 누아르'다.

프랄린(praline) 캐러멜을 입힌 아몬드나 헤이즐넛을 지칭.

프랄린 페이스트 프랄린을 으깨서 만든 페이스트. 프랄린, 프랄리네라고도 한다.

프레지에(Fraisier) '딸기나무'라는 뜻의 크림 케이크. 폭신한 시트에 감미로운 커스터드 크림을 깔고 딸기를 가장자리에 촘촘히 박아 만든다.

프로마주 블랑 숙성을 거치지 않은 흰색의 프레시 치즈. 유지방이 적지만 수분이 많고 산미가 도드라져 요거트 맛이 난다.

피낭시에(Financier) 19세기 말 파리 증권거래소 근처의 한 제과점은 고객의 요구를 수렴해 손에 안 묻고 한입에 쏙 들어가는 과자를 궁리했다. 17세기 로렌 지방 수녀들이 개발한 비지탕딘(Visitandine)을 변형해서 금괴 모양의 과자를 고안하고 프랑스어로 금융가를 뜻하는 피낭시에라는 이름을 붙였다. 오늘날 피낭시에를 나눠 먹으며 금전운을 기원하는 풍습이 있다.

Le carnet d'adresses d'Éric Kayser
제과용품 구매처 주소록

제과 도구

파리_드유랑(DEHILLERIN)
18 et 20, rue Coquillière 75001 Paris

마르세유_메종 앙페뢰르(MAISON EMPEREUR)
4, rue des Récolettes 13001 Marseille
www.empereur.fr

프랑스 각지_라 보비다(LA BOVIDA)
www.labovida.com

제과 도구 및 재료

제 드투(G DETOU) 파리 본점
초콜릿, 견과류, 프랄린 등 제과 재료 일체를 판매합니다.
58, rue Tiquetonne 75002 Paris

제 드투 리옹 분점
4, rue de Plat 69002 Lyon

쿡 숍(COOK SHOP)
http://cook-shop.fr

조디오(ZODIO)
프랑스 각지에 12개 매장이 있고 제과용 도구와 재료를 광범위하게 취급합니다. 전통 제과용품, 화려한 장식 재료, 색소, 향료, 분자 요리 재료 등을 만나볼 수 있습니다.
www.zodio.fr

초콜릿

에릭 케제르는 발로나(Valrhona) 초콜릿을 사용합니다. 발로나에서 출시되는 각종 제품에 관한 정보는 홈페이지를 참고하세요.
www.valrhona.com

파트 푀유테 생지

프랑수아(FRANÇOIS)
샤랑트(Charentes) 지역의 버터로 만든 최상급 파트 푀유테 생지를 특정 매장에서 전문가용으로 유통합니다. 물론 냉동 보관도 가능합니다. 자세한 사항은 프랑수아 제품 취급점 및 프랑수아 홈페이지를 참고하세요.
www.patefeuilleteefrancois.com

기타

뷔슈 전용 틀, 피스타치오 페이스트, 패션프루트 퓌레, 과당, 나파주 미로와 등을 만나볼 수 있습니다.
호두, 아몬드, 헤이즐넛, 피스타치오 등의 견과류는 중동계(주로 터키) 식료품점에서 구매하세요. 한층 더 신선하고 저렴한 제품을 만나볼 수 있습니다.
www.shopping-culinaire.com
www.meilleurduchef.com

Index des recettes
레시피 찾아보기

레시피	페이지
갈레트 데 루아	224
갸토 바스크	38
건포도 비스킷	56
과일 콩피 케이크	16
과일을 넣은 팡 데피스	34
그린티 피낭시에	52
글루텐 프리 뮈슬리 쿠키	242
글루텐 프리 므왈르 오 쇼콜라	248
글루텐 프리 초콜릿 참깨 쿠키	238
글루텐 프리 초콜릿 헤이즐넛 케이크	246
글루텐 프리 피스타치오 케이크	236
디아망	58
딸기·피스타치오 라즈베리 에클레르	126
딸기를 올린 바닐라 크림 타르트	74
라즈베리 라임 마카롱	198
라즈베리 샤를로트	178
라즈베리를 올린 사블레 브르통 타르트	100
랑그 드 샤	62
레몬 머랭 타르트	86
레몬 민트 마카롱	194
레몬 콩피 케이크	14
마들렌	44
마카로나드	204
마카롱	186
머랭 쿠키	60
밀푀유	152
바닐라·초콜릿 마카롱	190
반숙 초콜릿 케이크	26
발렌타인데이 케이크	218
베리 밀푀유	156
부활절 새 둥지 케이크	230
뷔슈 오 카페	210
뷔슈 포레 누아르	214
브라우니	32
살구를 올린 아몬드 피스타치오 크림 타르트	82
생토노레	138
서양배 무화과 타르트	92
쉭세	158
슈케트	120
아몬드 튀일	54
양귀비씨 라임 케이크	18
오페라	164
체리 크럼블 타르트	106
초콜릿 케이크	22
초콜릿 프랄린 타르트	78
초콜릿·피스타치오 피낭시에	48
초콜릿과 피칸을 넣은 갈레트 데 루아	228
치즈 케이크	28
캐러멜 밀크초콜릿 타르트	108
커피·초콜릿 에클레르	134
커피 초콜릿 타르트	112
코코넛 럼 케이크	20
쿠글로프	40
쿠키	64
크렘 파티시에르	148
타르트 몽주	96
타르트 타탕	102
터키풍 비스킷	68
투 쇼코	174
파리 브레스트	122
파트 사블레	72
파트 아 슈	116
파트 푀유테	144
패션프루트 클리지외즈	130
패션프루트 라즈베리 타르트	90
프레지에	170
플레인 피낭시에	46
피스타치오 마카롱	202
피스타치오 체리 케이크	12

감사의 말

'메종 케제르' 이브리(Ivry) 지점 제과팀 전원에게 깊이 감사드립니다. 특히 세바스티앙(Sébastien), 안소니(Anthony), 로돌프(Rodolphe), 샤를로트(Charlotte)의 공이 컸습니다.

출판과 제과 분야를 향한 깊은 애정과 관심을 바탕으로 성심성의껏 작업을 이끌어준 라루스 출판사 아녜스 뷔지에르(Agnès Busière), 개인적 식견을 아낌없이 풀어내고 세련된 기술을 선보인 에릭 케제르와 그 결과물을 사진으로 구현해준 르 그랑 다르(Le Grand Art), 제과 분야에 대한 방대한 지식을 바탕으로 열과 성을 다해 작업에 용기를 북돋아준 블랑딘 부와이에(Blandine Boyer), 전문 기량을 유감없이 펼쳐주신 메종 케제르 소속 페이스트리 셰프 여러분과 적극 협조해준 제과팀 전원, 최종 사진을 선정하는 작업에 흔쾌히 고견을 보내주신 H&M 포토 스튜디오(49, rue Rodier, Paris), 귀중한 도움의 손길이 되어주신 어시스턴트 포토그래퍼 까미유 지로(Camille Girault)에게 심심한 감사를 표합니다.